XINXI JISHU YU
DIFANG GAOXIAO BENKE JIAOXUE
SHENDU RONGHE DE YANJIU

信息技术与
地方高校本科教学
深度融合的研究

王忠政 ◎ 著

暨南大学出版社
JINAN UNIVERSITY PRESS

中国·广州

图书在版编目（CIP）数据

信息技术与地方高校本科教学深度融合的研究/王忠政著 . —广州：暨南
大学出版社，2016.6
ISBN 978 - 7 - 5668 - 1842 - 3

Ⅰ . ①信…　　Ⅱ . ①王…　　Ⅲ . ①信息技术—应用—地方高校—教学工
作—研究　　Ⅳ . ①G642 - 39

中国版本图书馆 CIP 数据核字（2016）第 097342 号

信息技术与地方高校本科教学深度融合的研究
XINXI JISHU YU DIFANG GAOXIAO BENKE JIAOXUE SHENDU
RONGHE DE YANJIU
著　者：王忠政

出 版 人：徐义雄
策划编辑：李　艺
责任编辑：杨柳婷
责任校对：黄志波
责任印制：汤慧君　　王雅琪

出版发行：暨南大学出版社（510630）
电　　话：总编室（8620）85221601
　　　　　营销部（8620）85225284　85228291　85228292（邮购）
传　　真：（8620）85221583（办公室）　85223774（营销部）
网　　址：http：//www. jnupress. com　http：//press. jnu. edu. cn
排　　版：广州市天河星辰文化发展部照排中心
印　　刷：佛山市浩文彩色印刷有限公司
开　　本：787mm×960mm　1/16
印　　张：12. 625
字　　数：180 千
版　　次：2016 年 6 月第 1 版
印　　次：2016 年 6 月第 1 次
定　　价：29. 00 元

前　言

以信息技术为代表的各种新技术、新发明迅猛发展、层出不穷，渗透到人类生活的各个领域，改变着人类的生存状态，使人类游离于现实与虚拟两种世界。这些新技术（如云计算、移动技术、虚拟现实技术）作为一种新的教学手段渗透到教育领域，极大地拓展了教育时空，空前地提高了人们的学习兴趣、效率和能动性。传统的教学模式正在酝酿重大突破，教育面临着有史以来最为深刻的变革。这种变革不仅仅是教育形式和学习方式的重大变化，更重要的是将对教育的思想、观念、模式、内容和方法产生深刻的影响。正如《国家中长期教育改革和发展规划纲要（2010—2020年）》所言，信息技术对教育发展具有革命性影响，必须予以高度重视。

笔者长期从事高校教育技术的研究与实践工作，一直希望推动信息技术在地方高校本科教学中的有效应用，使之成为教学系统中不可分割的组成部分，进而在促进地方高校的教学改革、提高教学质量、提升人才培养质量等方面发挥更加积极的作用。据此，笔者查阅了近些年国内外有关文献，实地考察走访了国内一些地方高校，并在研究广东财经大学校情的基础上开展了一些教学实践。通过这些研究和实践，笔者发现人们对信息技术在地方高校本科教学中的应用，存在理论指导与教学实践的偏差，存在认识与使用上的偏差。这就导致信息技术在实际教学应用中存在着师生不想用、不会用、形式上用和不实用等"叫好不叫座"的教学现象。这些现象反映了信息技术在地方高校本科教学中的应用，更多地停滞在浅层次推进阶段，缺乏应有的深度与广度，甚至流于形式。也就是说，信息技术未能与地方高校本科教学达到真正的融合；信息技术在教学应用中的潜在教学价值未能得到应有的发挥。因此，本书将"信息技术与地方高校本科教学深度融合的研究"确定为题目进行研究。

笔者在研究过程中充分地认识到，信息技术给教学带来的变化和影响绝不仅仅是教学工具与手段的变化，它触及教学的思想、理念、内容、方法、评价等方方面面，贯穿教学活动的各个环节，是教学的一场深刻变革。只有站在这个高度，才能对信息化教学做出科学而充分的判断。只有从这个角度出发，才能认识到信息技术对教学而言是手段而不是目的。在现阶段，信息技术对地方高校本科教学影响的核心，是如何利用虚拟世界和现实世界来培养人的问题。据此，本书主要挖掘并研究以下几个问题：信息技术如何融入教学？融入教学后有何规律？对教学将带来怎样的价值与作用？会产生怎样的效果？通过对这些问题的研究与实践，笔者对信息技术融入教学的复杂性有了充分的认识，涉及教育思想与理念、教学方法、教学成效、教学管理、教育者、受教育者等，也受具体情境和条件的约束和制约。不同的学者可以从不同的视角进行研究，如"人本"的立场、"教育"的立场、"技术"的立场等等。

信息化教学的关键在"化"，这种"化"不是物理变化，不是简单地将信息技术与地方高校本科教学进行叠加或相加，而是化学变化，是将信息技术与教学内容、教学方法等相关教学要素进行重组与再造，直至深度融合。这种深度融合，体现在师生教与学的过程中就是自然而然地使用信息技术，实现"一加一大于二"的效果。看信息化教学是否有效，关键是看这种教学能否促进人的发展。信息化教学的追求目标不仅是信息呈现的多样化、信息传输的多元性、知识增长的快速性等表面上的效益，其更深层次的追求是运用信息技术创设出良好的学习环境，有利于学生自主地对知识进行自我建构以及对学生高阶思维能力的培养。基于这种认识，本书从上述教学现象出发，在分析融入课堂教学的信息技术特性基础上，剖析了信息技术融入课堂教学的前提条件，将信息技术融入课堂的教学过程划分为工具手段、方法改造、模式创新三个阶段，进一步分析信息技术融入课堂教学后如何才能达到好的教学效果。同时，笔者注意到信息技术给地方高校本科教学带来了诸多变化与影响，但在具体实施信息化教学活动过程中常会受到现有教学体制、机制、观念的制约，从而影响地方高校信息化教学的进一步发展。针对这一问题，本书基于教育现象一般是由活动、体制、机制和观念这四个基本范畴组成的认识，首先探讨了信息化教学管理活动的基本构成要素，进而从信息化教学组织机构、管理规范两个方面构建信息化教学体制，再从信息化教学管理机制、运行机制、评价与考核机制这三个方面构建信息化教学机制，最后提出建立主体信息化教学管理观，以适应信息化教学发展的新要求。基于上述的研究，本书最后总结提出"新技术、新理念、新方法、新模式、新机制"的"五新"理念，从而揭示了信息技术变革课堂教学的机理及其支持机制。

教育的本质是培养人的活动。目前，课堂教学仍是教学的主战场，教师是课堂教学的主力军。信息技术在教学中的功能、价值与作用得到充分的发挥，直至与教学达到深度融合，取决于教师教学理念的改变及其教学技能的提升。因此，对教师进行必要的培训和引导成为至关重要的因素。据此，笔者结合广东财经大学的实际情况，在具体培训过程中，坚持"以任务为驱动，学用结合，以用带学，以评促用，解决教学中的实际问题"的培训原则，采取"在专题培训和集中交流中解决普遍问题，在检查指导中解决个性化问题，在建设应用中解决实际问题"的培训策略，探索并形成了"信息技术＋学科内容＋实际问题＋自主探索＋专家引导＝具体学科任务驱动的教师培训"的方式，实现了"强化教学设计的理念、提高教育技术应用能力、促进信息技术在课堂教学中的有效应用、强化教学互动"的目的。

与同类书比较，本书更多的是从教学现象、教学实际需求出发，以解决教学中的实际问题为原则，进而揭示信息化课堂教学的基本规律。教育为本，技术为用，是本书的基本思想，这或许是本书与其他同类书的一个重要区别。

为更好地提高人们对信息化教学的理解，丰富信息化教学的理论，提升信息技术在地方高校本科教学中的有效应用形式，笔者在本书中主要从以下几个方面开展专门的研究与实践：

一、变革与转型

信息社会的来临，使人类社会的生产活动、社会活动等发生了质的变化，知识逐渐取代工农业的生产，处于社会核心地位。这种社会结构的变化，使社会呈现出许多新的特征。这些社会新特征渗透到高等教育，对人才的培养提出许多新的需求，需要更多主动适应信息社会发展需要的具有"新素质"的创新型应用型人才。这就引发高等教育的变革与转型，由原有的精英教育向大众化教育转移。许多地方本科院校就是在这种背景下产生的，并对自己的人才培养模式和人才培养目标进行重新定位，以适应地方区域经济发展、未来社会发展的需要。

二、问题与原因

转型后地方高校的重要任务是人才培养，而人才培养的关键环节是教学。变革教育首先需要变革教学，信息技术作为一种新的教学手段引入教学，在延伸教学时空、改变师生教与学的方式、拓展教学内容、丰富教学资源等方面，发挥了一定的积极作用，成为教学变革中一个最为活跃的因素，但使用不当也会产生技术的异化。信息技术融入教学过程，表现出一定的教学功能、特性与规律，但在具体的教学应用中要取得好的教学效果，主要取决于以下几个因素：教师使用信息技术开展教学的意愿与认知程度、师生对信息技术的熟练掌握程度（即信息素养）、信息技术的多元性与复杂性、信息技术的软硬件环境条件、信息技术应用于教学的政策导向与管理体制机制等。

三、应对之策

信息技术作为一种新的技术手段进入原有的教学系统，将对原有的教学系统带来全方位、多层次的影响，需要新的教学方法与之相适应，进而实现教学模式的优化与创新，达到信息技术与地方高校本科教学深度融合，实现教学质量提高、人才培养质量提升的目的。为了实现这一目的，本书以地方高校本科人才培养目标为依据，结合地方高校的特点、现状与问题，按照"新技术、新理念、新方法、新模式、新机制"的系统性思维，提出四点对策：一是树立开放式教学、主体参与式教学、体验式学习的教学理念；二是科学应用，实施有效教学；三是提升师生的信息素养；四是建立信息技术应用可持续发展的动力保障机制。

四、实践与创新

在上述深入研究的基础上，笔者以广东财经大学为个案，以信息技术为支撑，按照"价值引导、需求为先、教育为本、技术为用"的思路，从中外教师远程合作教学、学导结合型教学、企业虚拟仿真实习、教学评价方式改革等方面开展了信息化教学的研究与实践，探索出信息技术与地方高校本科教学深度融合的各种路径，以实现教学的创新。

变革教学受多方面因素的影响，不是一蹴而就之事，而是一个循序渐进的过程。这就需要我们辩证地看待和理解信息技术在教学中的应用。因此，本书不是从信息技术对教学影响的单一方面开展研究，而是将信息技术放在整个教学系统的大环境下，揭示信息技术进入教学过程的基本规律；考察信息技术的潜在教学价值与实际教学价值之间的关系；探索信息技术与地方高校本科教学达到深度融合的各种可能；形成可借鉴的信息化教学模式。这些理论与实践，对进一步指导培养适应时代发展需求、适应地方经济发展需要的应用型本科人才，具有一定的参考价值和借鉴意义。

王忠政

2016 年 5 月

目　录

导　论

一、研究缘起

信息技术日新月异、迅猛发展，推动人类社会不断前进，对人们的思维方式、生活方式、学习方式的影响日益凸显，使得今日世界产生了翻天覆地的变化。在教育方面，放眼全球，不管在哪一个国家、哪一个地区，信息技术对教育教学的影响越来越深，二者的关系越来越密切，信息技术在教育教学的应用也越发受到重视。2010 年，美国颁布了《国家教育技术计划》，在计划中明确提出将信息技术作为变革国家教育的重要手段，其中特别提出用信息技术来推进学习。我国也经历了十多年的教学信息化探索，对信息技术在教育上的应用有了更新、更高的认识，并在《国家中长期教育改革和发展规划纲要（2010—2020 年)》中明确指出："信息技术对教育发展具有革命性影响，必须予以高度重视。"《教育信息化十年发展规划（2011—2020 年)》也强调：推动信息技术与高等教育深度融合，创新人才培养模式，加快对课程和专业的数字化改造，创新信息化教学与学习方式，提升个性化互动教学水平，创新人才培养模式，提高人才培养质量。所有这些都为信息技术在高校教学中的应用指明了发展方向。

1995 年 7 月，笔者从华东师范大学本科毕业后，就职于广东财经大学（原广东商学院），一直从事教育技术工作，亲身经历了信息技术的迅猛发展和在教育领域的广泛应用。特别是 2003 年以后，笔者所在的学校党政领导高度重视教育信息化建设，把信息化作为实现学校质量整体跃迁的重大基础改革工程，提出"以教学信息化带动教育信息化，以教育信息化促进教学信息化，促进学校教学工作跨越式发展"的战略，确定"把信息技术作为提高教学质量的重要手段，在信息技术平台上重新构建学校教学改革工作"的发展思路。教育技术中心作为牵头单位开始承担起这项研究与实践的重任。笔者有幸作为教育技术中心核心骨干成员，一直致力于教学信息化的研究、规划、组织、实施的工作。本着边研究边实践的精神，着力推动信息技术在学校教学中的应用，推动教学改革，促进人才质量的提高。到目前为止，主要经历了两个发展阶段。

（一）研究与试点阶段（2003 年 12 月—2007 年 5 月）

2003 年，笔者所在学校在认真研究国内外教学信息化发展趋势、仔细分析校情的基础上，为提高学校教育教学质量，制订了《广东商学院教学信息化规划（2005—2007）》。经过学校第四次教学工作会议全体代表的审议，并经学校院务会和党委会的研究后，决定实施教学信息化规划。在充分准备的基础上，2005 年 11 月，学校正式启动教学信息化。为保障教学信息化的顺利实施，学校投入 1 000 万元，从建设研究、队伍培育、平台建设、资源开发、推广应用、制度创新六个方面，系统推进学校教学信息化建设。至 2007 年 5 月，教学信息化规划试点阶段的任务完成。在该阶段，学校重点进行教学信息化软硬件平台的建设、学校数字化教学资源的建设、全校师生教育技术的培育等。

（二）拓展与深化阶段（2007 年 5 月—2013 年 12 月）

为推动学校教学信息化向纵深发展，在信息技术平台上总体推进学校教学改革工作，提高教学效益和人才培养质量，进一步彰显特色，作为核心骨干成员，在认真研究的基础上，笔者于 2007 年 5 月开始围绕教学信息化工程而开设的 500 门课程及其他教学信息化已有成果，制订了《广东商学院教学信息化建设成果推广应用总体实施方案》，并在学校第五次教学工作会议（2008年11月）上做好各项准备与部署工作。目标是全面实施教学信息化推广应用工程，深入推进教学信息化应用工作，在普及基本应用的同时，建设具有改革创新意义的示范课例、示范课程、示范专业项目、实验教学改革等，探索信息化教学应用新模式，加强教育信息技术队伍和服务保障体系建设。

通过上述两个阶段的研究与实践，目前，在 Blackboard 平台上的注册用户量已达到 30 000 个，容量 2.3TB，项目驱动建设课程 500 门，教师自发建设课程 584 门，优质资源共享开放课程 107 门。在普及基本应用的同时，建成了 29 个示范课例、43 门示范课程、2 个示范专业等，形成了一批具有财经教学特色的信息化教学应用模式、实验教学模式，对促进本校的人才培养质量的提高发挥了一定的作用。在校内，信息化教学的良好氛围逐渐形成，并成为学校教学的一大特色，在兄弟院校中起到了示范效应，但也存在一些困惑和问题。

为进一步探讨信息技术在地方高校本科教学中有深度、有广度的有效运用，笔者一直在思考：①教育教学中是否需要技术？②地方院校的学科有何特点？信息社会对应用型人才有何要求？在其教学过程中需要引入什么样的技术？在哪些方面引入？如何引入？③信息技术引入原有的本科教学系统后，将会带来什么样的影响和冲击？④要用什么样的教学思想和教学理论为指导，遵循什么教育教学规律？⑤信息技术在教学中应扮演什么样的角色，如何运用才更加有效？⑥信息技术应用的关键在教师，如何建设这支队伍？⑦在推进信息技术在教学应用的过程中，应构建怎样的教育管理体制和机制与之相适应？

带着上述问题，笔者有幸进入华中师范大学教育学院，攻读教育领导与管理方向的博士学位，希望自己跳出教育技术的圈子，从教育学的视角重新审视笔者所在学校开展十几年的教学实践。通过博士阶段的学习，拓展和完善自己的知识体系，对教学理论产生一些新的认识，形成一定的教学中运用信息技术的观念，重新审视信息技术在教学应用中所带来的教学系统各要素之间的全新关系。通过几年来的学习和研究，笔者逐渐认识到新的技术需要新的教学方法、新的教学模式、新的教学理念和新的体制机制与之相适应。只有这样，信息技术才能更好地在地方高校本科教学改革中发挥支撑、引领作用，达到信息技术与本科教学深度融合、人才培养质量不断提升。

二、核心概念

（一）信息技术

信息技术，英文名称为 Information Technology，主要是指各种管理信息和处理信息的技术。关于这个概念，不同学者有不同的认识和理解。在了解信息技术之前，先要了解技术。技术不是自古就有的，也不是永恒不变的。在人类发展的初始阶段，既没有技术也没有科学，人们在观察自然、接触自然、认识自然、了解自然、感悟自然的过程中，为了增强自己的力量，获得自身的发展，逐渐发展出科学技术。因此，科学技术的天职就是辅人与助人[①]。具体而言，科学技术是人体器官的延伸，以此来辅助人。比如，飞机、高铁、轮船等交通工具，是人体行走功能器官的延伸；起重机、钻井机、挖掘机等动力工具，是人体力量功能的加强或延伸。从这个意义上讲，信息技术就是人体信息功能器官的加强、延伸或扩展。

一般而言，人类的信息功能器官主要有四种类型，分别是：感觉器官、传导神经网络器官、思维器官、效应器官。

感觉器官，主要包括视觉、听觉、嗅觉、味觉、触觉和平衡感觉等器

---

① 黄荣怀. 信息技术与教育［M］. 北京：北京师范大学出版社，2002：9.

官。这些感觉器官的延伸和发展，形成了现代科技的感测技术，包括传感技术和测量技术。这种技术使人类能够从外部世界获取各种有用信息。

传导神经网络器官，主要包括导入神经网络器官和导出神经网络器官等。这些器官的延伸和发展，形成了现代通信技术。这种技术不断发展和完善，有利于人们克服空间的限制，进行信息资源的有效传递。

思维器官，主要包括记忆、联想、分析、推理和决策等系统。这些器官的延伸和发展，形成了现代科技的计算机和智能技术。这些技术有利于信息的加工和再生。

效应器官，主要包括手、脚和口等器官。这些器官的延伸，形成了现代科技的控制技术。这些技术能够对输入的信息进行有效的反映和表达，使输入的信息产生实际效果。感测、通信、神经网络和控制这四种技术是一个完整的有机体，构成信息技术的四基元。

信息技术的发展打破了教学的时空限制，开辟了一条新的知识传输通道，不仅提高了教学的效率，而且为学习者提供了一种新的学习环境，有利于学习者自主安排学习。信息载体的多样性，能够让教师的教学方式更加丰富和多元。因此，有研究者认为，信息技术是指对信息的获取、存储、处理、传输所使用的手段和方法的体系[①]。这里的"手段"，是指各种各样的信息媒体，诸如幻灯片、投影仪、网络、计算机等，是一种物化形态的技术；这里的"方法"，是指信息媒体的使用方法和信息系统的优化方法。

通过上面的分析，我们可以看出：信息技术的构成要素主要包括三个，即信息媒体、信息媒体的应用方法和信息系统的优化方法；信息技术表现为两种形态，即物化形态和智能形态。不同的人对信息技术的看法不同，会有不同的划分方式，对此本书不作枝蔓式的探讨。这里的信息技术，主要是指20世纪90年代中后期发展起来的以计算机、网络为主的信

---

① 南国农．让信息技术有效地推进教学改革［J］．中国电化教育，2007（1）：5.

息技术在教育中的应用，而且在提及这种应用时，采取的定义以上述南国农先生所言为准。

（二）地方高校本科教学

目前，国内学者将我国高校划分为三种类型：①研究型高等院校，这类院校以"211"大学、"985"大学为主；②应用型本科院校，这类院校多以地方本科院校为主；③职业技能型院校，这类院校多以地方高职高专类院校为主。

在地方院校中，有些办学历史较长、办学条件较好的高校可定位成教学研究型院校。绝大部分地方院校是在我国改革开放以后，产生于社会经济飞速发展和我国高等教育走向大众化的过程中。还有一部分是20世纪90年代以来新建的高校，这些学校多属于地方本科院校，因此，它们通常被定位成应用型院校。这类学校主要是培养满足地方经济社会发展需要的人才。它们大多具有以下特点：①为满足地方经济社会发展的需要而设置专业；②以学生就业为导向，构建专业和职业相结合的人才培养模式；③注重学生实践能力、创新创业能力的培养，以满足学生走向工作岗位的要求；④产学研结合，让学生尽量多地接触社会，培养他们的社会适应能力和发展潜力。若无特殊说明，本书中的本科教学均指地方高校的本科教学。

（三）深度融合

融合不同于混合，融合要将两种或多种不同的事物合成一体，成为不可分割的事物整体。正如南国农教授所言，融合的产物是"扬州炒饭"或"手抓饭"，而不是"盖浇饭"或"盒饭"——"盖浇饭"或"盒饭"，菜与米饭是分离的，而"扬州炒饭"则是把米饭、菜（包括火腿、鸡蛋等）一起炒，成为一个整体。

信息技术与教学的融合，就是将二者有机整合，形成一个有机的整体。就信息技术在教学中的应用而言，主要经历了信息技术辅助教学、信息技术与教学整合、信息技术与教学深度融合三个阶段①。本书中的信息技术与地方高校本科教学深度融合，是指在一定教育思想、理论的指导下，将信息技术引入地方高校本科教学的各个环节，成为地方高校本科教学系统中的一个重要组成部分，并实现信息技术系统与地方高校本科教学系统的双向互动，重构教学结构，变革教学方法，实现教学向更高层次重生的过程。简单地说，融合的本质就是重组与再造。这种融合，不是将信息技术与地方高校本科教学进行简单的叠加或相加，而是通过教学流程的重组与再造，实现"一加一大于二"的效果，其关键在于教学的创新，能将信息技术深刻而有机地作用于教育观念的更新，教学内容和教学方法及手段的变化，教育思想、教育体制的改革以及人才培养模式的创新，达到促进人才质量提高的目的。只有实现这种创新，信息技术与教学的融合才有真正的意义和价值。在这个过程中，信息技术作为一种新的教学手段引入地方高校本科教学系统，将在三个方面发挥作用：①优化原有应用型人才培养的课程体系结构；②实现对原有教学方法、教学模式乃至人才培养模式的变革和创新；③解决传统教学中无法解决的教学问题。总之，信息技术能成为地方高校本科教学系统中不可分割的一个组成部分，蕴含着极大的价值。

三、研究现状述评

自 20 世纪 90 年代美国克林顿政府率先提出"信息高速公路"计划后，信息技术引起世界各国的高度重视，各国政府纷纷从政策制定、资金投入等方面大力支持高校教学信息化的建设与发展。信息技术在高校中的

---

① 余剑波．信息技术与教学融合的价值冲突与处理［J］．中国电化教育，2012（8）：103．

应用就是在这种背景下得到了良好的发展。截至目前，国内外学者开展的研究主要集中在高校信息化教与学的条件保障、信息化教与学的理论、信息化教学资源的建设与应用绩效、师生信息素养提升这四个方面。笔者现将这些问题的既有研究梳理如下：

（一）信息化教与学环境的研究

信息化教与学的环境，是开展信息技术与地方高校本科教学深度融合的基本条件和保障。随着云计算、虚拟现实和物联网等新技术的发展，近五年关于这方面的研究主要集中在智慧校园、未来课堂、网络教学平台这几个方面。

1. 智慧校园

2008 年，IBM 公司首席执行官彭明盛在其《智慧地球：下一代领导议程》的报告中，首次提出"智慧地球"（Smarter Planet）的概念。随后，其他行业领域不断派生出许多新的概念，比如"智慧城市""智慧医疗""智慧交通""智慧教育"等。在国内，浙江大学在信息化"十二五"规划中首先提出建设智慧校园，这种智慧校园支持数字化学习，支持网络科研创新，支持校园文化和校园生活等。接着，国内不少学者纷纷从智慧校园的概念及建设思路等多个角度对智慧校园的内涵进行解读。如黄荣怀教授的《智慧校园：数字校园发展的必然趋势》《从数字学习环境到智慧学习环境》。在分析数字校园的缘起、概念和特征的基础后，笔者认为：智慧校园是数字校园的高端形态，是数字校园发展的理想追求。从众多学者的研究上看，随着技术的发展，高校校园将从封闭走向开放，能更加有效地支持教师的教与学生的学，能为师生提供更加便利舒适的生活环境和个性化的服务。

2. 未来课堂

智慧校园很重要的一个组成部分是未来课堂（教室）。在这种课堂上，不再有黑板和粉笔，也没有教科书，将会是一些数字化产品的有机组合，所有授课内容将以图文并茂、声像结合的数字化方式展现在学生眼前，完全改变了教师、学生、家长对传统教室的印象。关于这方面的研究，其中具有代表性的是杨宗凯教授的《教育信息化十年发展展望》。文中指出，未来的教室一定是云端教室，传统的课本、课桌、书包、白板等将会逐步被电子化。在教学资源方面，呈现的媒体将由模拟、数字再到网络，最终都将放在教育云端，内容十分丰富，能够满足学生个性化学习的需求。基于这种理念，杨宗凯教授率领的团队研究并开发了盘古电子双板课堂教学平台。这种教学平台是在吸取西方白板技术的基础上，结合我国的国情与传统媒体的特点，研究并开发了电子双板，实现了资源利用和教学设计的融合。由于其产品能结合中小学课本（教学内容相对固定），并开发出相应的软件资源进行支持，同时又注重对应用该技术教师的教学理念、教学设计、教学方法等方面的培训，因此有其应用价值。但在高校中，由于教学内容的开放性，相应的学科软件资源开发具有较强的专业性，因此推广有一定的难度，但其双板教学的理念值得借鉴。同时，推广应用的成本也是需要考虑的一个重要因素。张际平教授率领的团队也对未来课堂进行了系统的理论研究，从未来课堂的定位、设计、特性、结构、教学模式、互动形式等几个方面进行了系统的研究，但目前尚未推出相应的产品，仍停留在理论层面。

3. 网络教学平台

通过近几年的竞争，国内外在对通用教学平台的开发与研究方面，逐渐趋于集中，产品的差异性逐渐减少。到目前为止，高校中利用比较多的网络教学平台是国际上较为流行的 Blackboard，在国内流行的是由程建刚教授率领的团队研究并开发的"清华在线教学平台"。因此，一些学者在这方面的研究主要集中在网络平台的应用上。笔者通过中国知网以 Blackboard 为主题词进行精确搜索，共有 3 264 篇相关文章，研究主要集中在教学平台的开发、建设与设计；学校考试系统的搭建等。就地方院校而言，在通用软件的基础上，也使用一些专业教育需要的社会工具性软件，如用友、国泰安的金融软件等。

通过对信息化教与学的条件保障的研究，笔者认为信息化教与学的环境随着技术的发展变化而发展变化，总体趋势是智能化、开放性、互动性和融合性。随着技术的进一步发展，数字化已成为学校生活的重要组成部分。

（二）信息技术环境下教与学理论的研究

在信息技术环境下，原有的教学理论已不适应信息时代的发展要求。为推进信息技术环境下的教与学，国内外学者纷纷研究探讨了信息技术环境下的教与学理论，其中影响较大者主要有建构主义学习理论、信息技术与课程整合以及混合式学习理论。

1. 建构主义学习理论

该理论是在美国著名认知心理学家维特罗克（M. C. Wittrock）的"学习生成模型"基础上提出的。关于该理论的研究中，比较有代表性的人物是美国的奥苏贝尔和加涅。其基本观点是：强调以学生为中心，强调情境创设，强调合作学习，强调对学习环境的设计，强调利用各种信息资源支持"学"，强调学习过程的最终目的是完成意义建构。该理论经何克抗教授 1997 年发表的《建构主义——革新传统教学的理论基础》引入我国，随后在教育技术领域受到广泛关注。从 20 世纪 90 年代末到 21 世纪最初两年，在我国教育技术领域有关信息技术环境下教与学理论的研究主要集中在建构主义学习理论方面。建构主义属于心理学的一个流派，产生于美国，为信息技术在教学中的运用提供了一定的心理学依据。总体来说，西方国家重"学"，中国重"教"，建构主义学习理论主张"以学生为中心"，强调"发现法学习"和"生成性策略"。该理论对培养学生的创新精神具有积极作用，但其忽视教师的主导作用，排斥"接受法学习"和"呈现性策略"。近些年，这一理论引入我国应用实践后，人们发现建构主义学习理论优缺点并存，并不像想象中的那么有效力，在认知发展目标的实现上具有优势，但在情感发展目标上不如人本主义学习理论，在简单的技能训练目标实现上不如行为主义学习理论。

2. 信息技术与课程整合

信息技术与课程整合起源于美国，最权威的论述是美国教育技术界在2000年CEO论坛上发表的年度报告。该报告指出："数字化学习的关键是将数字化内容整合的范围日益增加，直至整合于全课程，并应用于课堂教学。"引进中国后，国内学者纷纷从信息技术与课程整合的含义、意义及原则①，内涵、层次和基础②，理论和方法③，教学模式④等方面进行研究。通过这些研究，人们逐渐认识到：信息技术与课程整合以信息技术为基础，创建一定的教与学的环境，对原有的教学内容进行信息化加工处理，成为教师教和学生学的资源，转变原有的教学方式和学习方式，实施有效教学。但有学者认为，信息技术与课程整合是以信息技术为中心，创新教学结构，改变原有的教学方式和学习方式，让师生适应新的技术，这在实际应用中，能解决部分问题，但很难被师生们广泛接受。

3. 混合式学习理论

混合式学习，在我国并不是新名词，传统教学中早已存在。李克东教授20世纪90年代就主张：在教学中把各种各样的媒体进行有机组合，充

---

① 李芒. 论信息技术与课程整合的含义、意义及原则［J］. 电化教育研究，2004（5）：58－62.
② 曾祥霖. 论信息技术与课程整合的内涵、层次和基础［J］. 电化教育研究，2006（1）：50－54.
③ 李龙. 信息技术与课程整合的理论和方法［J］. 电化教育研究，2007（5）：73－78.
④ 何克抗. 信息技术与课程整合的教学模式研究之一［J］. 现代教育技术，2008（7）：5－8.

分发挥各自的优势，以求取得教学效果的最优化①，体现的就是"混合"的思想。进入 21 世纪后，西方发达国家的普适计算（Ubiquitous Computing）兴起，并逐渐成为一种新的学习方式。这种学习方式是由无线网络、移动设备等多种媒体有机组合构成的学习环境。在这种环境下，学习者可以随时随地开展多样化的学习，混合式学习就在这种背景下产生。混合式学习的基本主张是将传统学习与数字化学习有效结合，优势互补。其基本主张是"淡化中心，强化结合"。这种学习理论的基本思想和主张符合学与教的规律，也很适合我国现在的国情，对促进教学、深化改革具有现实意义。混合式学习是数字化学习（E-learning）的产物，是数字化学习发展的理性回归。混合式学习比较强调的是教与学的效果，这一思想理念更易被广大师生接受。从适用对象上看，信息技术与课程整合的思想对基础教育的教学来说，更具针对性；而混合式学习则更为侧重高等教育和企业培训。但无论是"整合"还是"混合"，最终归向不是将信息技术与各教学相关要素进行简单的相加，而是要回归教学的本质，探讨在现实世界与虚拟世界下如何培养人，最终在教与学的形式上走向深度融合，达到和谐的统一。从某种意义上讲，信息技术改变的是教与学的形式、知识呈现形态和传播方式，而教学的本质始终不能改变。在具体运用中须考虑技术的适应性和有效性，信息技术的有效利用，能解决教学的问题，提高教学的效率，优化教学过程，提升教学质量。

4. 中国原创理论

中国学者在引进国外理论的同时，也对信息技术环境下的教与学理论进行了研究与拓展。比较有代表性的有：李克东的"数字化学习"理论②，

---

① 李克东. 多媒体组合教学［M］. 北京：科学出版社，1992：1.
② 李克东. 数字化学习［J］. 电化教育研究，2001（8）：46－49.

祝智庭等人的"协同学习理论"①，黄荣怀等人的"移动学习理论"与
"TEL 五定律"②，何克抗的"教学结构理论"③，桑新民的创新"学习方
式"观④，李艺等人关于"绩效结构"的研究⑤等。中国原创的理论大多
是在引进的基础上进行改造，相对而言创新性不足。从搜索到的文章看，
还未发现专门针对地方高校本科教学提出的信息化教学专用理论。

（三）基于信息技术的数字化教学资源研究

为推进信息技术在高校教学中的广泛应用，利用信息技术改革教学模
式和学习方式，促进高校教学资源的整合与共享，提升教学资源应用的时
效性，许多高校纷纷对原有的教学资源进行升级改造。从内容上看，国内
外学者对于这方面的研究主要集中在资源整合与共享模式、数字化教学资
源建设及应用模式和信息技术在地方高校本科教学中有效应用与绩效
问题。

1. 资源整合与共享模式的研究

2001 年，麻省理工学院发起开放课程资源（Open Course Ware，OCW）
项目，到 2011 年，麻省理工学院把 2 000 多门课程的教学材料几乎都免费
放在网上，让许多用户从中受益。在该项目的推动与感召下，哈佛大学、
耶鲁大学、伯克利大学等许多世界知名大学竞相开放课程，掀起一项开放
教育资源（Open Educational Resources，OER）的运动，对社会传播知识、
促进知识共享起到积极的促进作用。受其影响，我国由政府牵头，从 2003
年开始启动国家精品课程的建设，目的是以信息技术为平台，利用高校名

---

①　祝智庭，等．协同学习：面向知识时代的学习技术系统框架［J］．中国电化教育，2006
（4）：5 - 9.

②　黄荣怀，等．关于技术促进学习的五定律［J］．开放教育研究，2010（2）：11 - 19.

③　何克抗．教学结构理论与教学深化改革［J］．电化教育研究，2007（7）：5 - 10.

④　桑新民．学习究竟是什么［J］．开放教育研究，2005（2）：8 - 17.

⑤　李艺，等．绩效结构理论述评［J］．技术与创新管理，2009（5）：299 - 301.

师的资源开发优质的教学资源，免费网上共享。到 2010 年，全国高校共建成国家级精品课程 3 750 门，面向本科教学的精品课程 2 525 门。2011 年，教育部启动第二轮本科教学质量工程的建设，其中包括精品视频公开课和精品资源共享课两类国家精品开放课程的建设。到 2012 年底，已建成的视频公开课共有 312 门。自发起 OCW 以来，众多学者开始从内容到形式、从效果到效益、从资源建设到资源评估等方面开展多方位多层次的研究与实践，比如岳秋的《MIT 开放课程与我国精品课程的学习支持对比分析》，张大良的《以提高质量为核心加强国家精品开放课程建设》，钟晓鸣的《精品课程网站的建设与设计——耶鲁开放课程的启示》，王爱华的《麻省理工学院怎样做开放课程》和《精品课程与国外开放课程共享利用的对比研究》等。其中，有些学者开始反思数量众多的精品课程在教育性和使用性方面的问题并提出对策。精品课程建设等质量工程项目的实施，在提升高校教学资源质量方面功不可没。然而，"以评促建"的过程中，也出现了一些"为评而建"的问题，导致课程资源的可学习性差、教学适用性低。

2. 数字化教学资源建设及应用模式的研究

就地方高校本科教学而言，信息技术与教学相融合的研究文章相对较少，主题多且较为分散。笔者在中国知网上，分别以"技术、地方高校""技术、本科教学""技术、管理"等为关键词，选出近十年相关学者的研究文章。

从课程与教学的角度看，主要有以下三个方面：

一是日常教学方面。大多地方高校均选用通用教学平台，比如 Blackboard、清华在线，对本校的课程进行数字化的资源升级、改造，将其定位为网络辅助教学课程，并开展相应的信息化教学研究。这类教学研究主要包括三种类型：第一类为大学公共课的教学研究，主要是大学英语、思想政治课、计算机基础及大学体育等公共课，这类课程的研究与其他学科的研究具有相似性，何勇斌的《基于 Blackboard 网络教学平台的高校英语专业教学》即是。第二类为特定专业课程的教学的研究。一些教师能利用信息技术并结合自己的学科课程的特点，开展改进创新教学模式、教学方法的研究。如刘洪云的《大学财经类专业的统计学教学模式探讨》，付音的《课堂教学的创新：开展"经济法学"课程与多媒体网络技术的整合》等。第三类是信息技术支持下的创新教学改革，如刘娟的基于 Blackboard 平台"亚洲经济"中外教师合作教学课程教学改革。

二是实验教学方面。从信息技术在地方高校本科教学中的应用所走过的历程上看，影响最大的当属实验教学。以"经管实验教学"为关键词在中国知网上搜索，共搜索到 469 篇文章。其中，以广东财经大学曾小彬教授首创的模拟体验式教学、跨学科模拟仿真实验最具代表性。其基本思想是以信息技术为基础支撑平台，创建经济社会发展的实践条件与实践环境，在实验室内模拟社会，压缩时空，组织学生参加虚拟环境下的经济管理专业的模拟经营实践活动，培养学生的专业实践能力、创新能力，达到与现实世界无缝对接的目的。其研究成果分别发表在《光明日报》《中国大学教学》《实验室研究与探索》等报纸杂志上，著有《企业运作仿真综合实习教程》等系列实验教材。

三是信息技术与专业知识融合的研究方面。如庞大连的《探寻高等财经教育与信息技术相融合的有效途径》《信息技术在高等财经教育中的应用探讨》。从这些文章中可以发现信息技术引发社会行业管理与服务方式的更新变化，在实践中创生许多新的知识，形成新的课程，如会计电算化系统、网络营销系统、网上银行系统等新知识不断涌现并在经管类行业中得到有效运用。这对应用型类人才培养的知识结构提出了新的要求，但这种变化未能引起地方高校在人才培养方面的足够重视，有关研究尚显缺乏。

3. 信息技术在地方高校本科教学中有效应用与绩效问题的研究

信息技术迅猛发展，各个国家高度重视，逐年加大人力、物力、财力的投入，教学信息化正以前所未有的速度向前推进，取得了一些成绩。信息技术在高校教学中得到广泛应用的同时也出现一些问题，许多学者开始关注信息技术在高校教学中有效应用的绩效问题，并进行反思和研究。比如，李芒教授在《论信息技术的教学价值》一文中指出：在使用技术的过程中，时刻体现着技术的社会性特征；单纯依赖信息技术，从本质上解决不了教学问题。使用信息技术能取得教学成果，其实并非发轫于技术，而主要是由理念、思想和观点来决定。朱永海在《论信息技术与课程有效整合的三个层次》一文中认为：信息技术与课程有效整合，应该是以人为本的信息技术与课程的双向互动整合，体现在三个层面，即课程知识层面的贯通、课程经验层面的融合和课程文化层面的创生，并最终使三种不同的课程观借助于信息技术走向统一融合。查晓瑜在《教育技术的局限性初探》一文中指出：教育技术不是万能的，在研究和应用中存在一定的局限性。通过近些年一些学者的研究与实践，我们可以看出大家对信息技术在教学中的应用开始回归理性，信息技术在教学中的应用能解决部分教学问题，但不能解决教学中的所有问题，最终要回归教学的本质。

近几年来，在国家、地方、学校加大教育信息化建设投入的同时，许多学者也开始就如何建立一套科学、规范、实用的高校信息化绩效评价模型，科学合理地对高校信息化进行评估研究与实践。这有利于促进高校办学资源的有效利用，避免教学资源浪费，有利于提高高校信息化管理水平，促进教学改革。如张喜艳在《教育信息化绩效特征结构解析》一文中，从教育信息化理论和绩效理论出发，分析了教育信息化绩效的特征，并基于特征本身，提出了教育信息化效果、效率和效益的三效结构。郭伟刚的《学校教育信息化绩效评价模型的设计和应用》，针对目前学校教育信息化绩效评价中仅有理论研究成果、缺乏可操作性评价模型和实际应用案例的问题，提出了一种基于投入产出的学校教育信息化绩效评价模型，设计了 5 个一级指标、27 个二级指标和 74 个三级指标，并给出各级指标分值的计算方法，再通过这些指标计算学校的信息化绩效水平。

从学者们的研究来看，大家经过前期大量的投入后，开始对我国的教育信息化建设进行理性务实的总结与反思，以寻求可持续性稳步发展的机制和道路。由于相关的研究还比较少，国内外始终没有形成一个统一的框架、指标和模型，故而现行的一些评价指标和模型的可操作性和有效性还有待检验。

（四）师生信息技术能力培训的研究

无论技术多么先进，只有掌握在师生手里才能产生好的教学效果。信息技术在教学中的广泛应用，为教育教学的改革和发展带来了新的机遇。如何有效地对师生进行信息技术培训，促使广大教师和学生在教学中恰当合理地使用信息技术，是当前高校在开展信息化教学中面临的一个实际问题。许多高校结合自己学校的实际开展校本培训，一些学者在培训的内容、方式、策略等方面进行研究。如陆芳的《高校教师教育技术培训的内容、模式及管理研究》，罗乐的《网络通讯环境下的高校教师教育技术能力培训研究》，陈永光的《高师院校教师教育技术能力培训实践及绩效评价研究》等。从众多的研究中，我们发现，目前高校教师教育技术培训普遍存在着重技术、轻理念，重学习、轻应用，重眼前、轻规划，培训方式过于整齐划一等问题，缺乏针对性、系统性，严重影响培训的效果。

（五）既有研究存在的问题与不足

从已有的研究来看，信息技术在高校教学中应用的理论与实践均取得了一些成绩，信息技术在高校应用的软硬件支撑环境得到较大改善，在高校教学过程的应用得到普遍重视，信息技术应用于教育教学已成为高校教育现代化的必然选择，经历了从强调"软、硬件基础设施建设"的初始阶段，到强调应用的深入发展阶段。通过这些年的推进，在教学实践与教学思想上存在的问题与不足主要是：

1. 对信息技术的认识存在误区，缺乏针对地方高校本科教学的应用研究

在看待信息技术方面，存在着两种极端的观点：一种是"技术至上"论，认为媒体的力量是巨大的，教学中的一切问题都可以通过一定的技术手段解决。现在之所以还存在一定的问题，是因为一方面信息技术的手段还不够先进，另一方面技术的使用者没有很好地使用技术，问题出现在技术使用者即教师身上。另一种是"技术无用"论的观点，主张教学要远离技术，不要让技术统治奴役我们的教学，生怕技术对学生的学习产生一些负面影响，或者用看待机器的眼光看待人，导致与教育的本质相背离。对信息技术与教育关系的错误认识，将会导致两种极端的情况：一种情况是，当一种新的技术出现并在教学中得到运用时，大家就欣喜若狂。如随着慕课的出现，开始有人叫嚣"学校消亡"论。另一种情况是，当技术不能达到预期效果的时候，又有人对其进行无情的批判，或者干脆抛弃和远离技术。教育工作者对教育与技术必须有一个理性的认识，教育与技术是现代教育发展过程中的两个方面，既要看到技术对教学的积极的一面，对教学具有一定促进作用，也要看到技术不足的一面，技术只能解决教学中的部分问题，没有万能的技术。

在使用信息技术方面，主要的问题在于使用方法的错误以及教学中对人的忽视。开展教学，由于涉及教师、学生、教学内容、教学环境等方方面面，当一项新的技术被引入教学时，我们需要了解该技术对于教学有没有价值与意义，对于我们的教学有何作用，是否适合我们的教学。这需要结合学生的具体情况、学校的教学环境条件配置、教学内容的选择等等。只有这样，一项新的技术才有可能在教学中发挥出它应有的作用与价值，产生好的教学效果。同时，不同的人有不同的认识，也将会持有不同的立场，如"人本"立场、"学科"立场、"教育"立场、"技术"立场等，这也说明其应用的过程必将是复杂、曲折的。因此，在信息技术在教学应用的过程中，关键

问题不是掌握技术形式的本身，而是需要形成一种正确运用技术的观念，认识信息技术渗透到原有教学系统之后给教学环境带来哪些变化，对各教学要素（学生、教师、教学内容）会产生哪些新的影响，会带来哪些新的关系，进而重新构建新的教学模式，改进教学，理顺管理体制机制。

就地方院校而言，每类学科有各自的特点，比如时代性比较强、实践性比较强。现有的研究缺乏针对具体学科或课程自身特点的理论构建研究和深入细致的应用实效研究。其结果必然导致信息技术在助力地方高校教学改革的过程中难以充分发挥真正的作用。

2. 教育理论与实践脱节

信息技术要想在教育中得到很好的应用，需要一定的理论指导。同时，这种理论指导需要结合本国的国情、本校的校情（包括学生个体的情况）等实际情况，才能得到有效的开展。也就是说，理论指导要做到本土化、校本化。

信息技术产生于美国，并在美国得到较大的发展，进而影响世界各国。我国由于起步较晚，在发展初期，更多的是借鉴发达国家的先进教育理论与经验。这方面的理论大多是从美国引进的，同时参照日本。但美国的许多教学思想与理论根植于美国，中美两国存在巨大的文化差异，在引进的同时应结合我国实际来进行吸收、消化和创新。我国的教育理论只有根植于我国的教学实际，才会真正有所创新，产生特色，只有来自教学实践并接受教学实践的检验，这样的理论才会有生命力。从已有的研究来看，我国对于教育理论的研究多是从国外引进，在我国产生了一些影响。从教育思想看，逐步抛弃了"以教师为中心"或"以学生为中心"的教育思想，转而支持"学教并重"的"主导—主体相结合"的教育思想；主张在教学过程中，既注重发挥传统教学的优势，也注重网络资源的利用；既注重发挥教师教学的主导作用，也注重学生主体地位的提升，调动他们的积极性、主动性和创造性，引导他们根据自身特点进行相关知识内容的学习。这种学教并重的理论，在现阶段较适合我国的国情。同时，我们也应注意任何理论都有其适用范围，没有万能的理论。

3. 缺乏系统性、思维性的研究

就国内外已有的研究而言，许多研究多停留在信息化教学的某一方面，比如理论的研究、信息化教学方法与模式的研究，偶见一些信息化体制机制的研究，但很少有以一所学校为整体，从宏观的视角系统地探讨信息技术服务于学校人才培养的各种可能。所有这些，既为本书提供了良好的研究基础，也为本书的研究留下了一定的研究空间。

四、研究价值与意义

以计算机及其网络化为代表的信息技术，正在向人类生活的各个领域渗透，改变了人类生存状态①，改变了人类生存方式与实践方式，改变了知识系统及其呈现形态，人类将游走于现实与虚拟两种世界②。渗透到高等教育领域，信息技术日益成为教学改革与实践中较为显著与活跃的变革要素，成为教学领域备受关注的热点问题。之所以要这样强调，是因为在认识层面，人们对信息技术在教学领域应用的认识有待进一步深化；在实践层面，技术对于教学变革与发展中的意义并未真正凸显。基于此，本研究的价值和意义可以从两个方面来说明：

（一）在理论方面

通过对信息技术在地方高校本科教学中应用存在问题的分析，厘清信息技术与地方高校本科教学之间的关系，揭示信息技术进入地方高校本科教学的基本规律，正确定位信息技术在地方高校本科教学中应扮演的角

---

① 叶澜，等. 全球化、信息化背景下的中国基础教育改革研究报告集［M］. 上海：华东师范大学出版社，2004：13.

② 张立新. 两种世界 两个课堂——信息社会中的教育［J］. 中国电化教育，2009（6）：7.

色，提高认识，丰富信息化教学的理论。

（二）在实践方面

第一，有利于推进地方高校本科教学的系统改革，构建人才培养整体环境，提高人才培养质量。当前，经济全球化、信息化快速发展，引发了社会行业、职业的演变与改造，国际会计、金融保险、国际商贸等领域的高素质人才短缺。面对社会经济发展的需求，如何提高满足地方经济发展需要的专业人才培养质量，成为当前亟待解决的紧迫问题。基于长期对地方高校本科教学的认识，笔者认为运用信息技术促进教学改革是一项复杂的系统工程，这不仅是教学方法与手段的问题，而且涉及教学目标、教学内容、教学环境的构建等，也是师生观念、习惯改变的过程。笔者通过研究，力求突破单纯以学科知识体系为本位的教学模式，结合信息时代人才培养的新要求，充分发挥学生的主观能动性，培养善于学习、精于应用和应变的具有一定专业特长的专门性人才。

第二，探索信息技术对教学的支撑引领创新作用，推动教学信息化建设与应用的深入发展。通过信息技术与地方高校本科教学深度融合的研究，提供信息技术在地方高校本科教学中有效应用的典型案例，丰富信息技术应用的有效形式，构建或理顺与之相适应的管理体制机制，提高信息技术应用的效能。信息技术作为一种特殊的生产力，当其渗透到教育领域并得到广泛应用时，将可能创造许多动态的丰富的教育资源和灵活多样的学习方式，推动信息技术在地方高校本科教学应用的深度与广度；部分研发成果，也可与社会行业结合，服务于社会。

第三，本研究可为利用信息技术平台进行人才培养方式教学改革的相关院校提供借鉴；在研究过程中所探索的信息技术环境支持下的教学模式改革，以及人才培养模式改革的相关策略、原则和方法等，也可供其他院校进行参考。

五、研究的主要内容

(一) 信息技术对社会产生的影响，引发高等教育转型问题

信息技术的飞速发展和广泛应用，已渗透到经济社会发展的各个领域、各个环节并发挥重要作用，改变着人们的生活、工作和学习，使社会结构发生一些变革，呈现出一些新的特征。这种变化对高等教育人才培养提出新的需求，需要更多主动适应信息社会发展需要的高素质的创新型、应用型人才，促成原有的精英教育向大众化教育转移。这就引发高等教育的变革与转型，重新对自己的人才培养目标进行定位，地方高校就是在这种背景下产生的。本书将首先对这些问题进行研究。

(二) 信息技术在地方高校本科教学中的应用现状、存在问题及其影响因素

高校人才培养的关键是教学。信息技术作为一种新的教学手段引入教学，在延伸教学时空、改变师生工作方式、拓展教学内容、丰富教学资源等方面发挥着一定的积极作用，成为教学变革中最为活跃的一个因素。本书将重点探讨信息技术对地方高校本科教学具有怎样的价值与作用，在地方高校本科教学应用中存在怎样的问题、影响其应用的因素是什么。

(三) 信息技术与地方高校本科教学深度融合的对策

针对信息技术在地方高校本科教学应用中存在的问题、影响因素的分析，为使信息技术能在地方高校本科教学中达到好的应用效果，本书以地方高校本科人才培养目标为依据，结合地方高校的特点、现状与问题，提出信息技术与地方高校本科教学要达到深度融合，需要树立新的教学理

念，科学应用、实施有效教学，提升师生信息素养，构建信息化教学管理体系四个方面的应对对策。

（四）信息技术与地方高校本科教学深度融合的创新实践

在上述研究的基础上，根据社会对地方高校应用型本科人才培养目标的要求，本书还以开放式办学、主体参与式教学、体验式学习的理念为指导，以信息技术为支撑，以广东财经大学为个案，结合财经类本科课程与教学的特点、常用与专用的教学方法，从日常课堂教学、实验教学、教学管理、教与学的评价、人才培养模式改进等几方面开展研究与实践，探索信息技术与地方高校本科教学达到深度融合的路径与方法，促进教学改革与创新。

基于上述分析，本书拟解决以下关键问题：

一是如何挖掘出经济社会对地方高校人才需求的特点、地方高校本科教学的特点，推动信息技术在地方高校本科教学中的有效应用，创新教学模式，提高信息技术在教学中应用的绩效，揭示信息技术在地方高校本科教学中应用的机理和基本规律。

二是如何建立一套指导信息化应用实践的管理体制机制。科学、规范的体制机制是实现信息化教学可持续发展的根本保障。如何建立与教学信息化相适应的新的教学管理制度、人事配套制度、整合相关制度，使它们衔接配套，如何将学生数字化学习指标纳入学生综合测评等，形成教学信息化制度创新体系。

本书的研究结构体系如下表所示：

研究结构体系

研究的主要内容	
变革与转型	信息技术对人类社会产生的影响
	信息社会的主要特征
	信息社会人才需求的多样化对高等教育提出新要求
	社会对人才需求的变化引发高等教育的转型
	地方高校的人才培养目标定位
	信息社会对未来人才的素质要求
问题与原因	信息技术对高校教学可能产生的变化与影响
	信息技术在地方高校本科教学应用中存在的问题
	信息技术在地方高校本科教学应用中存在问题的原因探析
应对对策	树立信息技术与地方高校本科教学深度融合的教育新理念
	科学应用，实施有效教学
	提升师生信息素养
	构建信息化教学管理体系
实践与创新	信息技术推动下地方高校本科日常课堂教学模式的改革 　　案例一：信息技术支持下学导结合型教学模式探索 　　案例二：中外高校教师远程合作教学模式试验
	信息技术支持下地方高校实验教学模式的创新 　　案例一：虚拟仿真技术在经管专业综合实习中的应用 　　案例二：信息技术与高校法学实验教学深度融合的改革
	信息技术条件下的教学考核评价方式的变革

六、研究思路与方法

　　本研究根据研究对象的特点，在研究思路与方法上，总体体现理论与实践的有机结合，本着"边研究、边实践"的思想，通过理论的研究为信息技术深度融合于地方高校本科教学提供实践指导。在研究上，本书的研究是建立在"新技术、新方法、新模式、新机制、新观念"的研究假设基础之上，力求揭示信息技术在地方高校本科教学中有效应用的基本规律和应用机理。在研究过程中，运用的主要研究方法如下：

（一）文献研究法

本书先通过文献研究，厘清信息技术在教学中的应用情况、取得的成果和存在的问题，一方面为信息技术深度融合于地方高校本科教学的开展提供历史借鉴、获取有益启示；另一方面为推进信息技术在地方高校本科教学中的应用研究铺垫基石，定准方向。

（二）比较研究法

有比较才有鉴别，只有放在国际视野下，通过比较研究，才能认清我们所处的位置和面临的问题，才能结合我国的实际寻求解决问题的对策，才能在把握共性的同时知道如何去创造个性。通过比较，为我们将信息技术深入融合于地方高校本科教学的实践提供反思、选择、优化等方面的国际参照。

（三）个案研究法

考虑到不同类高校承担的人才培养任务的不同等因素，本书采用个案研究法，通过对典型案例的描述和分析来论证作者的观点，以达到更深入地认识事物的目的。在实证中，选择以教学为主的财经类地方院校——广东财经大学进行改革实践的分析。通过具体的分析，支撑本书的研究结果，使研究更有针对性和实践性。

（四）实证研究法

本书在分析信息技术进入教学的过程中，揭示了信息技术进入教学的基本规律。为进一步验证该结果，本书选择一些典型的信息技术支持下的教学模式改革创新的案例，通过教学实践验证笔者提出的研究结果的真实性和可靠性。

（五）调查研究法

为了克服笔者自身经验、视野和思维方式上的局限性，使研究结果更具有科学性，本书在开展部分研究之前，先对同类型的财经类院校的学校领导、教学管理人员、教师、学生进行访谈，收集学校有关信息技术与地方高校本科教学深度融合的第一手资料，以期对实践现状和问题有更清晰的认识。

第一章　信息时代呼唤地方高校的变革与转型

随着信息技术的飞速发展、网络技术的出现与普及，信息技术渗透到经济社会发展的各个领域、各个环节并发挥重要作用，改变着人们的生活、工作和学习，使社会结构发生一些变革，呈现出一些新的特征。这种变化对高等教育的人才培养提出许多新的需求，需要更多主动适应经济社会发展需要的高素质创新型人才，原有的精英教育需向大众化教育转移，由是引发高等教育的变革与转型，重新对自己的人才培养目标进行定位。就地方高校而言，经济社会的发展对其人才培养的目标和人才素质提出新的要求，要以本科应用型人才培养为主，素质上能适应时代发展、区域经济发展的需要。本章将重点对这些问题进行探讨。

第一节　信息技术对人类社会产生的影响及呈现的新特征

近些年，各种信息技术、新发明层出不穷，不仅为人类提供了新的生产工具和手段，代替人的体力劳动和部分脑力劳动，大大提高了生产效率，而且促进了生产力的发展、组织管理方式的变化，引起社会产业结构和经济结构的巨大变革，促使社会生产方式发生根本性变化，人们可以从事更富有创造性的工作。这是前所未有的变革，是人类在改造自然过程中的一次新的飞跃，这种飞跃将引起经济和社会的结构性变革，使人类走向新的文明。

一、信息技术对人类社会产生的影响

（一）延伸拓展了人类生活和思维的时空

从农业社会到现代工业社会，劳动工具的变化突破了传统封闭的自然经济的限制，扩大了人们的生存空间。从工业社会到信息社会，传播方式和传播工具的变化带来了新的传播理念，极大地丰富和拓展了人们的思维与想象空间。在传统的工农业社会，由于通信工具与手段的限制，人们开展一些实践活动需要互动双方同时在场，需要面对面地进行。但是到了信息社会，"在场"与"不在场"将会发生根本性的改变，正如尼葛洛庞帝在《数字化生存》一书中所言："我们拥有数字化的邻居，在这一交往环境中，物理空间变得无关紧要，而时间所扮演的角色也会迥然不同。"① 这就是信息技术为我们带来的虚拟空间。

随着信息技术的推广与广泛应用，人类以计算机模拟环境为基础，以虚拟的人物化身为载体，构建了一个虚拟世界②。在这个虚拟世界里，人们可以选择虚拟的 3D 模型作为自己的"化身"，以"数字化公民"③ 的身份，利用文字、图片、视音频等媒介进行交流。人们在现实社会时空中从事各种实践活动，也可以在虚拟世界里进行，以数字化公民的身份，享受和体验虚拟世界给人类生产和生活带来诸多的便利和精彩。比如，人们可以利用虚拟世界进行网上购物、娱乐、交友与学习等活动；也能够享受电子购物带给我们的便捷；当缺少某方面知识的时候，人们也可以在网络上"淘课"，丰富知识。但这个世界是个"虚拟"的世界，是人们利用计

① 尼葛洛庞帝.数字化生存［M］.胡泳，范海燕，译.海口：海南出版社，1997：16.
② 张立新.两种世界 两个课堂——信息社会中的教育［J］.中国电化教育，2009（6）：7.
③ MOSSBERGER K，MCNEAL R S. Digital citizenship：the Internet，society and participant ［M］.Cambridge，Massachusetts：MIT Press，2007：1-2.

算机创造和想象出来的世界；这个世界又是客观存在的，它在"公民"离开后依然存在，是真实人类的虚幻存在，时间与空间真实地交融，满足了人类社会多元化、全方位的需要。这种虚拟世界的创建，使人类生存的时空趋向平面化，双方的活动不需要面对面，社会时空呈现出虚拟性和现实性的双重特性。

在物理特征方面，虚拟世界和现实世界属于两种不同的世界。虚拟世界是人工构建的"人工世界"，是经验实在世界的数字展现①，是对现实世界的一种超越、补充与发展，是现实世界所具有属性的转录和反映②。人类构建的虚拟世界，来源于现实世界人类活动的需要，来源于现实世界人类的经验和客观事物，来源于现实世界的社会结构与规则。比如，虚拟世界里的社区与现实世界的社区具有很大的相似性，都有相对固定的人（社区成员）、场所（虚拟空间）和某些特定的活动（话题）等。因此，虚拟世界是以现实世界为原型和基础，体现现实世界的结构与功能，并不断融入现实世界的文化。同时，随着人们在虚拟世界里各种活动的不断丰富和深入开展，也会形成独具特色的社会和文化。这种独具特色的社会与文化也会对现实世界中人的行为、社会结构、社会组织等产生影响。这样，虚拟世界又会反过来影响和改变现实世界，二者在社会特征方面逐步趋于融合，你中有我，我中有你。人们在现实世界和虚拟世界两个时空的活动界限日趋模糊，能够在其间自由穿梭。

（二）改变了个人生存方式

虚拟世界是一个人工的世界，是对现实世界的延伸和拓展。人们在现实世界中的生存方式和虚拟世界对人的现实生活的影响程度、介入程度以

---

① 马德四. 教育信息化本质研究——教育学视角［D］. 上海：华东师范大学，2007：91.
② 冯鹏志. 从混沌走向共生——关于虚拟世界的本质及其与现实世界之关系的思考［J］. 自然辩证法研究，2002（7）：44.

及个人在虚拟世界生存活动的方式直接相关。作为信息时代每个生存的个体，在虚拟世界的生存方式与其生存环境的信息化程度、个人参与虚拟世界活动的程度以及个体的态度、价值选择取向等一系列因素直接相关，具有相当强的个体差异性。下面以虚拟世界的积极参与者为代表，来分析个人生存方式的变化。

1. 交往方式的变化

信息技术发展使得人们的生活节奏加快，人与人之间的交往需要及时反馈，这就为许多新的交往工具的发展提供了机会，比如 QQ、微信、电子邮件等，这些交往方式的变化对人的生存方式产生不可思议的影响。人们可以通过网络进行聊天、交朋友。这种网上交往与现实交往最主要的区别在于间接性、匿名性。①间接性。我们通过网络，冲破了诸多现实交往的障碍，利用网络交往的简便、快捷的特点，间接地和有共同兴趣、爱好的人交往，既可以在熟人之间也可以在陌生人之间，带来交往圈子的扩大，交往量的剧增。这种网上交往不仅可以一对多，也可以多对多地进行。②匿名性。"在互联网上，没人知道你是一条狗。"这是互联网刚兴起时对于网络的特点描述得很精妙的一句话。在互联网上，使用者只要凭借一个代号就可以与其他代号的人进行交流和互动。网上的人际互动和关系就是建立在这种代号基础之上的，匿名性也成为网络的重要特征之一。网络交往既带有嬉戏性，具有演戏式体验人生的功能，也为网络犯罪提供了可能。这不仅对个体的身心发展产生影响，使个体的人生体验多元化，也产生了许多网络特有的社会问题①，这也导致人们对匿名性看法各异，褒贬不一。

2. 学习方式的变化

信息技术的迅猛发展，改变了信息传播的途径，使得各种各样的信息

---

① 叶澜，等. 全球化、信息化背景下的中国基础教育改革研究报告集［M］. 上海：华东师范大学出版社，2004：13.

如洪水般在网上汇集，知识更新的速度不断加快，令人应接不暇。于是有人惊呼：我们身处信息的海洋之中，却因缺少知识而饥渴，时刻需要不断地学习。原有书本传授的学习方式不再适应信息社会快节奏生活方式发展的需要。信息技术的产生，打破了时空的限制，能提供丰富的学习资源，提升个体学习的自由度和效率。这带来的问题是：人类如何处理海量信息？让信息成为对自己有用的知识，是每个人将要面临或正在面临的一大挑战。这要求个体在学习过程中具备必要的自主选择能力和综合重组能力。从这个意义上讲，个人在学习中的主动性显得非常重要。这种学习方式的变化将会对个人的发展产生深层的影响。

3. 改变了个人时间的分配方式和知识的呈现方式

社会快速发展，科学技术日新月异，要想在现实生活中取得成功，就必须做到能在有限的时间内掌握比别人更多的知识，比别人更有效率地处理更多的事情。这必然导致生活节奏的加快。生活节奏的加快，意味着我们的时间将越来越碎片化，很难抽出整段的时间去做一件需要花费许多时间的事情。在个人时间分配上，我们一方面利用计算机节省了过去要花许多时间去完成的一些工作，另一方面需要花费许多时间在互联网上，并让其成为生活中必不可少的组成部分。可以说，计算机互联网成了个体生命不可缺少的消费和组成，我们的时间开始呈现出碎片化的特征。与时间碎片化相对应，快节奏的生活方式必然要求人们快速地处理有关事情。快餐文化让人没有时间慢慢思考。在知识的学习上，人们很难再有时间很系统地学习某方面的知识，因此许多知识将以碎片化的形式呈现。

二、信息社会的主要特征

(一) 信息技术得到广泛利用

如果说工业时代的特征是机械化，那么信息时代的特征就是信息化。

在信息社会里，信息技术将得到广泛应用，成为时代的主要生产方式，是人们生活的重要组成部分。计算机将替代传统的记忆、模拟、逻辑思维和知识积累等活动，人们将习惯于利用计算机进行信息的收集、分析、处理与传输，人的主体性将得以更充分地展现，将有更多机会与条件从事创造性工作，增强自我实现的成就感①。

（二）知识是重要的生产要素

自然资源是人类社会在农业时代的核心资源，生产资料是人类社会在工业时代的核心资源，而信息时代的核心资源是技术和智力资本。智力将成为资本，并会成为重要的生产要素，逐步取代人力资本，列在产业资本、金融资本之前。资源和财富的表现形式将是信息和知识。信息时代成功的机会取决于能否合理应用获取的信息。

（三）信息时代的生命线是适应变化与不断创新

世界上唯一不变的就是变化。科学技术文化的飞速发展使人类社会进入了知识激增时代，同时也进入了知识淘汰、更新加速的时代。在这个时代，人类将面临许多挑战与要求，要想适应这个不断变化的世界，最根本的途径就是学会学习，不断更新知识。

21 世纪世界竞争加剧，竞争的生命力在于不断创新、善于创新，只有不断地创新，才能获得超越与新生，否则，就意味着淘汰与死亡；创新蕴含着追求卓越的意识，对知识的摄取、改组、运用，对新思想、新技术的发明创造，一种发现问题、积极探求的心理取向，一种积极改变自己并适应环境的应变能力②。

---

① 钟志贤. 深呼吸：素质教育进行时［M］. 北京：教育科学出版社，2003：314.
② 李和平，等. 论信息时代与教育的变革［J］. 外国教育研究，2005（11）：10.

（四）团队合作成为主要的生存与发展方式

在工业社会，人们的劳动主要是与机器打交道，用机器劳动，劳动和市场是竞争性的。在信息社会，人们利用知识进行生产，打交道的主要对象是人。在利用知识进行创造时，需要彼此之间的合作、沟通与交流，这样才能实现共赢。主要原因是：①知识增速太快，社会分工很细，而每个人的知识和能力有限。②信息技术引发社会走向全球化，个人、民族、国家彼此相连。③未来世界更加多元，和谐共处需要跨文化的理解与接纳。因此，学会合作、具有团队精神是信息时代对人才培养提出的新要求。

第二节　社会对人才需求的多样性和高等教育的转型

人类社会由工业社会进入信息社会，使信息技术逐渐与社会各个领域趋于融合，引起人类生存与实践方式的变化，对社会各行各业产生了影响，使社会呈现出许多新的特征，这些新特征映射到教育领域，引发社会对人才需求的变化，对教育提出许多新的挑战与要求。这时，我们的教育系统如果仍沿用工业化社会时期的教育观念和教育制度，将滞后于社会的发展。因此，本节将探讨信息技术给高等教育人才培养带来的挑战及其引发的高等教育转型。

一、信息社会人才需求的多样化对高等教育提出新要求

21 世纪，随着科技的发展、生产方式的变革、劳动组织形式的变化，社会各行各业对人力资源开发与利用的重视程度不断提高，越来越多的职业领域对人才的需求更加明确、更加精细，如在同一个企业，不同的分工需要不同的人才。在现代化生产中，一般的操作人员往往需要经过中高等职业教育的培养，复杂技术的操作岗位要求具有高等职业教育或本科的相

关学历；一线的技术人员、管理人员一般需要受过本科教育，某些复杂技术的管理工作则需要受过研究生教育；企业带有创新性的研究开发工作既可以借助专门的研究所，也可以聘请大学的专职研究人员来完成。这些工作的分工要求，说明企业对人才的需求呈现多样化的发展趋势。同时，现代企业需要对迅速变化的技术、劳动方式和工作任务做出及时的反应。劳动者要掌握从传统意义上看属于不同岗位甚至不同职业的技能和知识，在工作中要具有一定程度的安排计划、判断决策、分析复杂系统和问题的能力，还要具有不断学习新技术的能力和相互合作的品质等。新技术革命的挑战、现代企业组织结构的重组、生产流程及物流流程的再造等，都将促进我国高等教育的不断变革。

二、社会对人才需求的变化引发高等教育的转型

信息技术推动知识经济的产生，推动高等教育发生转型，出现类型重组、合并或重新进行角色定位，办学形式呈现出多样化、多规格、多层次的特征。以培养应用型人才为主的应用型本科教育就是在这种背景下应运而生的，众多地方本科院校开展应用型人才的培养就是顺应了高等教育的这一发展趋势。其主要原因是：

（一）满足新型工业化发展道路的要求

信息社会将走新型工业化的道路，这种新型工业化的道路更多的是依靠科学技术的不断进步与创新、劳动者素质的提升来提高工业技术水平与产品质量。其中，产品的核心竞争力主要反映在对劳动力资源的配置上。与传统工业化相比，新型工业化对人力资源的需求层次将不断上移，对基础知识的要求更扎实，综合能力要更强，创新能力要更高。原有学术型的高等教育人才培养模式将难以满足新型工业化发展的需要。因此，新建满足地方社会经济发展需要、适应新型工业化发展要求的高等教育应运而

生，承担起培养本科应用型人才的重任。

（二）适应高等教育大众化趋势的需要

目前，我国的高等教育已由精英化向大众化转移。这一发展趋势需要对原有精英教育的结构进行调整，对现有高等院校重新进行分类，走既有精英教育又有以培养应用型人才为主的大众化教育的多元化道路。高等教育将更加注重将人才培养的目标定位于满足经济社会新型工业化发展的需求，同时又要注重学生实践能力、职业能力的训练与提升。高等教育与经济社会发展之间的矛盾将由人才供给的不足转移为人才培养的质量与素质是否能满足社会各行各业发展的需要。

（三）迎合劳动力市场的需求

高等教育大众化的发展趋势，必然带来教育规模的扩大，但由于一些高等院校的办学定位与市场脱节，与地方经济的发展不匹配。一方面，一些高等院校的学生找不到工作；另一方面，社会对人才的需求得不到满足。这种结构性的矛盾，必然要求现有的部分高等院校改变现有人才培养方式，以社会需求为导向，加大应用型人才培养的力度。

（四）符合受教育者个性化发展的要求

世界上没有完全相同的人，教育应当因材施教。因材施教的要义是不能把教育做成模具，抹杀学生的个性差异，而是要相信、尊重、研究和发展每一个学生。强调以人为本，促进个性发展，旨在激发人的主动性、积极性和创造性。这是对个体发展全面而充分发展的要求，也是社会发展的要求。

在高等教育大众化的背景下，因材施教将面临更大的挑战，不仅需要在教育过程中和教育方法上始终贯彻因材施教原则，而且需要在教育类型和教育模式上努力体现因材施教原则。随着高等教育毛入学率的不断上升，学生的类型、志趣、能力、专长更加多样化，就业目标更加多元化。从学生的心理品质来说，有的长于抽象思维，有的长于动手操作，也有的长于口头表达。面对日趋丰富、更加多样的学生群体，本科教育模式必须改变现有的单一人才培养模式，走多样化道路，"只有适应学生的教育才是最好的教育"。在这个意义上，发展应用型本科教育是促进人的个性发展的客观需要。

第三节　地方高校的特点与人才培养的目标定位

不同层次的院校，具有不同的特征和不同的人才培养目标定位。地方高校是为了适应地方社会经济发展的需要而产生的，它具有怎样的特征？人才培养目标该如何定位？下文将在分析我国高等院校分类的基础上，对这些问题进行阐述。

一、我国高等院校的分类

长期以来，高等教育学术界对大学分类的研究可谓仁者见仁、智者见智。比如，联合国教科文组织批准的《国际教育标准分类法》（1997 年修订稿），其分类的主要依据是专门人才的类型和目标，而不只是层次的高低与科研规模的大小。美国卡内基教育促进基金会以学位的高低对高等教育机构的层次进行了分类。

该分类对我国学者研究高等教育分类有一定的影响。近些年来，国内有许多学者在论述高等教育层次体系的文章中提及研究型、研究教学型、教学研究型以及教学型等分类方法，大致是以这种分类为依据。本书对高等教育学校的分类采用潘懋元教授的三分法①：①研究型大学，这类院校

---

① 潘懋元. 应用型人才培养的理论与实践 ［M］. 厦门：厦门大学出版社，2011：8.

以"211"大学、"985"大学为主，比如北京大学、武汉大学、中山大学等；②应用型本科院校，这类院校多以地方本科院校为主，比如广东财经大学、广东海洋大学、广东医学院等；③职业技能型院校，这类院校多以地方高职高专类院校为主，比如北京信息职业技术学院、顺德职业技术学院等。这三种类型的学校主要是按人才培养的类型来划分的。这也符合潘懋元教授所言："对于高校，必须有适当的分工，研究型大学着重发展精英教育，培养学术型人才；而一般高校，尤其是高等职业技术学校着重于承担大众化任务，培养技术、管理、服务的应用型和职业型人才。"

随着我国高教由精英化向大众化过渡，介于研究型大学和职业型院校之间的地方本科院校，就顺应了高等教育应用型人才培养发展的这一趋势，从依附于本科教育传统模式中独立出来，逐步成为我国高等教育体系建构中不可替代的中坚力量，并在办学规模、层次、类型、特色等方面逐渐呈现多样化特征。这类高校主要是面向地方的院校，有历史悠久的老校，也有新办的高校和从高职高专升格的学院。这类高校所培养的主要是应用型人才，这种人才培养的目标定位具有以下几方面的意义：

（一）适应区域经济发展的客观要求

教育是由一定的经济基础所决定的。随着市场经济的进一步发展和知识经济时代的到来，经济出现了多样性，因而也决定了高等教育的多样性，这就要求高校能根据市场需求、结合学校的实际情况，定位好自己学校的人才培养目标。在知识经济时代，随着生产过程的数字化、网络化、信息技术化的出现，职业技术含量和专业化程度越来越高，对劳动者的要求也越来越高。生产岗位需要具有丰富知识背景和较高技能的高级应用型人才来承担。因此，培养高级应用型人才是经济社会发展不断进步的要求，也是适应区域经济发展的客观需要。

（二）我国高等教育大众化的必由之路

1999 年实施扩招以来，我国高等教育已进入大众化阶段。大众化教育与精英教育在服务对象、数量规模、培养目标等方面都有很大的不同。大众化教育一方面要为更多的人提供接受高等教育的机会，另一方面要为经济社会发展提供更多应用型人才。因此，实现高等教育大众化就应该立足于市场，立足于经济，以培养应用型人才的目标为己任。

（三）培养全面发展人才的必然要求

现代社会越来越强调人才的个性化发展，根据不同的对象，进行不同的培养。对动手能力强的学生向技术应用型方向培养，对逻辑思维能力强的学生向理论研究方向培养。鉴于学生个体上的差异，教育也应分不同的层次和类别与之相适应，让不同类型的学生找到适合自己发展的教育模式。

（四）地方高校的必然选择

地方高校以教学为主，以应用型人才培养为主要目标，在办学指导思想、人才培养类型等方面具有自己的特点和优势。若与重点大学错位发展，分工明确，将会形成自己的办学特色与优势，能培养大批适应区域经济发展需要的应用型人才，形成较强的竞争力。

（五）解决学生就业问题的主要途径

随着我国高等教育大众化的不断推进，大学生就业形势十分严峻，已成为一个社会问题，甚至会影响教育的成败。高等院校的学生就业难，主要是高校的人才培养与社会需求脱节，并不是无业可就，存在的是结构性矛盾。造成这种现状的原因主要是我国高校长期注重学术型人才的培养，对适应经济社会发展需要的高级应用型人才的培养有所忽视。因此，地方高校应以社会需求为导向，构建新的应用型人才培养机制，迎合劳动市场的需求，使培养的学生能满足社会的需求，切实解决就业难的问题。

二、地方高校的基本特征

（一）地方性

地方高校具有很强的区域性，其首要职责是紧密结合地方经济发展的需要，能为地方或区域经济建设发展服务，并成为地方经济社会发展的核心力量，对经济社会的发展起引领作用，这是区域经济社会发展对地方高校提出的要求，也是学校自身赖以生存和发展的根本所在。

（二）应用型

地方高校应以服务区域经济发展为宗旨，培养适应地方或区域社会经济发展需要的高素质应用型人才。这种应用型体现在两个方面：一方面是学术、技术和职业三者的结合；另一方面是学生社会适应能力和工作能力的提高。

地方院校的这两大特征，决定了它在为地方经济发展服务的同时，一方面能结合行业发展的需求，形成自己的办学特色，提升办学实力和核心竞争力；另一方面能从实际出发，根据经济社会发展的需要建设学科、设置专业，成为地方的人才培养中心、科技创新中心①。

三、地方高校人才培养目标的定位

我国的地方本科院校主要归属省级政府管理，其人才培养目标是为其

---

① 潘懋元. 应用型人才培养的理论与实践 ［M］. 厦门：厦门大学出版社，2011：3.

所在的区域培养经济社会发展所亟须的本科应用型人才，这是社会的需要，也是家长的期盼。许多地方高校需要面向社会现实，逐步走出传统的精英教育，能根据经济社会发展需要，培养面向地方、服务基层的适应社会多样化需求的应用型创新人才①。具体体现在以下三个方面：

（一）培养的人才属于应用型人才

从高等教育的学历层次上看，我国的应用型人才一般分为研究生、本科生、专科生、中专生等。他们之间的区别是：中专层次的应用型人才以操作技能为核心，可简称为操作应用型；专科层次的应用型人才以职业岗位为核心，可简称为技能应用型。这两种人才的培养多是以岗位来设计专业。本科层次的应用型人才，要求具有一定的通用性和创新性，能胜任多种岗位的综合素质，具有某种职业岗位技能，对应的是某一职业群或行业。对于这类人才的培养，学校多是以学科来设计专业，但又不能过于学科本位，需以社会需求为导向，对接现实。与学术型人才相比，应用型人才应接受更多实践能力、沟通能力、创新能力的训练和培养②，更能面对工作实际，解决问题，快速适应岗位的工作要求。我国现正处于工业化、信息化、高等教育大众化的大发展时期，地方高校应承担起高级应用型人才培养的任务。

（二）教育层次是本科教育

在教育定位上，应用型本科教育以工程教育为主，以技术教育为辅，培养的是工程技术应用型人才。而高职高专教育技术与技能教育并重，强调教育的技术应用性，培养技术应用型和技能型人才。在学科专业建设上，应用型本科教育以学科与专业建设并重，着重应用型学科群和专业建

---

① 潘懋元，车如山. 略论应用型本科院校的定位问题［J］. 高等教育研究，2009（5）：45.
② 胡璋剑. 应用型人才培养新论［M］. 北京：中国社会科学出版社，2009：14－15.

设。而高职高专教育则注重专业与专业群建设，学科仅作为专业建设的基础。在学术要求上，应用型本科教育对达到要求的学生授予学士学位。而专科教育一般不授予学位。在专业程度上，与专科教育相比，应用型本科教育的人才培养要求更加复杂，学制一般为 4 年。专科教育则强调"专"，学制为 2~3 年。

（三）本科应用型人才应是和谐发展的高素质应用型人才

本科层次的高等院校培养的应用型人才，在突出"应用"的同时，还应突出"高素质"，即人才培养目标为高素质本科应用型人才。在知识方面，"高素质"有以下要求：一要具有一定的知识广度，这种广度体现为不仅具有较强的理论知识，又具有过硬的应用性知识，还具有一定的科学人文知识以及管理知识、财务知识等；二要具有一定的知识深度，这种深度不能仅仅以够用和实用为标准，要能可持续发展，有较强的后劲，有科学、系统、完整的专业知识体系。在能力方面，"高素质"要求具有一定的职业技能，也具有技术创新或二次开发能力。在素质方面，"高素质"包括专业素养，也包括非专业素养，这种非专业素养往往与个人的责任心、道德品质、心理素质、身体状况等密切相关，会直接影响他所从事工作的质量与效果。因此，本科应用型人才的培养，不能仅仅将教育停留在专业技能与职业素质上，也应兼顾培养学生的综合素养①。

四、信息社会对未来人才提出的素质要求

信息时代，人类主要的生产生活方式将是对知识、信息的获取、加工、分析和处理。大学生作为未来社会的主人，要想在不断发展变化的未来社会中不落伍，就必须积极、主动地参与社会实践活动，不断地适应社

---

① 钱国英，等. 本科应用型人才的特点及其培养体系的构建［J］. 中国大学教学，2005（9）：55.

会发展变化与提出的新要求，具备在信息社会环境下的工作能力和生活能力，具有跨学科的研究能力，以及不断学习、更新知识的能力。具体体现在以下五个方面：

（一）具有现代化意识

人类进入信息社会，呈现出许多新的时代特征，比如信息技术将得到广泛应用，知识将成为重要的生产要素等。这些新的特征首先要求人的现代化，需要具有现代化的思想观念、思维方式和行为方式，高度的社会责任感，独立的主体意识，良好的个人品质和较强的社会实践能力与创新精神。信息社会是一个不断变化和开放的社会，需要人们具有开放的精神，并能够勇于接受新科技、新经济的挑战，而不能停留在一个封闭的圈子内；信息社会是一个需要不断创新的社会，需要人们不断学习、不断进取和锐意创新，能着眼未来，利用知识不断创造；信息社会是一个民主的社会，能为人们提供更加宽松自由的环境，让个人的发展更加充分，更加彰显人的主体性，这就需要人们具有较强的主体意识；信息社会是一个人文的社会，科技将更加发达，并能很好地服务于社会，但人类不能为机器所奴役，应成为机器的驾驭者，这就需要具有良好的人文精神，让人与科技的社会协调发展。

（二）具有良好的信息素养

信息社会表现出来的重要特征就是信息技术将得到广泛的应用。人类利用信息技术进行信息的获取、加工、处理与传输，并使之成为基本的生产方式与工作方式。具有良好的信息素养成为信息社会对未来人才的基本要求。信息素养不是简单地掌握信息技术的基本知识和技能，而主要表现为：①对需要的信息，能快速高效地获取；②对获取的信息，能进行熟练、准确的评价；③对评价后的信息，能通过加工、处理，精确、创造性地使用。

（三）具有较强的自主学习能力

信息时代是一个知识激增的时代。知识的传播、淘汰、更新的速度更快。社会日新月异，分工越来越细，对人们提出更多的挑战与要求，要适应这个不断变化的世界，需要人们不断学习，需要具有较强的自主学习能力适应这种变化。随着信息技术的普及，教学的时空将被打破，人类获取知识的渠道更加多元，不再局限于学校，可以在办公室，也可以在家里，可以在职前，也可以在职后。为了更好地生存与发展，人们需要具有较强的自主学习能力，不断丰富和完善自己。

（四）具有较强的综合能力

在信息化社会里，社会分工越来越细，知识的积累更加快捷，交叉学科、边缘学科越来越多。这些变化仅靠个人某一领域的知识难以满足和适应，需要具有良好的基础知识、较强的综合能力，成为具备多种知识和综合能力的"通才"。只有这样，在信息化社会里，才会具有灵活的职业选择、自由广阔的生存与发展空间。

（五）具有合作共事的意识与良好的个性

知识的激增、全球化的发展趋势与多元的社会需要人们适应社会环境的变化，学会与他人打交道，合作共事，学会共赢。合作共事，就是尊重多元的价值观，能理解他人，与他人进行沟通与交流，与他人友好合作相处。只有学会与他人合作共事，自己的才华才能在合作中得到较好的展示，在展示中得到发展，自己才会为更多的社会成员所接纳。

一个国家、一个民族，既要与国际社会融为一体，也要保持本国家、本民族的特性。同样，一个人在融入集体的同时，既要与他人保持交流与互动，也要保持个人独立的品质与个性。只有这样，这个人才会在社会中保持旺盛的生命力与较强的创造性。

本章小结

信息社会的来临使人类社会的生产活动、社会活动等发生了质的变化，知识逐渐取代工农业的生产，处于社会核心地位。这必然导致社会要求教育系统培养更多符合信息时代需要的、具有高素质的劳动者。同时，由于信息化带动工业化，信息化与工业化深度融合，大大地提高了生产效率，这也必然要求人类自身再生产和再创造的教育活动能利用信息技术手段提高教学效率。也就是说，信息社会对教育系统提出了如下新要求：

（1）培养出主动适应信息社会发展需要的新人才。

（2）将信息技术应用于教学活动，提高教育效能。

（3）通过教育解决信息社会面临的许多社会问题。

变革的社会需要变革的教育。社会的变革与发展，必然导致地方本科院校面临新的转型，培养主动适应地方区域经济发展需要的应用型高素质人才，以适应未来社会发展的需要。

第二章　信息技术在地方高校本科教学应用中存在的问题及原因分析

　　教育的重要任务是人才培养，而人才培养的关键环节在教学。信息技术是引发社会变革的重要因素，当其渗透到教学中，将会对教学产生许多变化和影响。如果不了解它的性能与特性，使用不当，将会出现一些问题和偏差，本章将在上一章研究的基础上，对信息技术在地方高校本科教学应用中存在的问题及原因进行分析。

第一节　信息技术对高校教学产生的变化与影响

　　信息技术作为一种媒体，是人体器官的延伸，应用于教学，能够弥补传统教学的某些缺陷与不足，表现出其特有的优势，比如改变教学的时空、改变教学信息的传播方式。在教学中运用信息技术有利于优化教育教学，使教育教学力求做到高效能、低消耗，以最小的代价，得到最大的收获①，进而达到教学效率提高、教学质量提升、人才质量提高的目的。下面对信息技术进入教学系统将会对原有的教学系统产生的变化和影响进行探讨。

---

① 南国农. 电化教育学［M］. 北京：高等教育出版社，2004：14.

一、教学时空的变化

现代意义上的学校教育产生于 17 世纪后期，与印刷技术的广泛应用有密切关系，其满足并适应了工业化发展的需要，并在 20 世纪发展到顶峰，形成了标准化、制度化的教育体系。在这种教育体系下，教学活动的开展选择在一个特定的场所——学校，由特定的教师向特定的人群（学生）传授特定教学内容的活动，这种教学活动在一种封闭状态下进行。之后，信息技术的发展给教学时空带来了很大的变化。

（一）拓展了教学的空间

传统大学教育由于受特定时空的限制，面临社会对人才的需要与它所能提供的学习机会之间的矛盾。信息技术的发展，延伸和拓展了教学的时空，人们可以利用网络互联技术、远程通信传输技术将处于不同地区的学校、学生联结起来，改变学校教育生存的内外环境。因此，在现代信息技术环境下，大学校园的界限被突破，不再受地域空间和对象的限制，学校的教学资源能有效地向社会各地延伸，学习地点可以是教室，可以是工作场所，也可以是家里。从未来发展趋势来看，现代信息技术促使大学教学资源具有独特的跨时空共享特征，将会出现许多虚拟大学、大规模开放性在线教育等新的教学形态，将与传统教育形成有益的共存与互补。

（二）突破了时间上的限制

时间与空间总是密切相连的。现代信息技术改变了信息的传播方式，在打破教学空间限制的同时，也打破了教学时间的限制。学生的学习时间将不再是固定的，会更加灵活、多样和随机。正如比尔·盖茨在《未来之路》中所指出的："教育的最终目标会改变，不是为了一纸文凭，而是为了终身受到教育。"正是由于这种时间上的变化，信息技术也就改变了高校学生的学习方式，学习者可以随时随地地接受在线教育和个别化教育，接受方便、高效的大学教学。

二、教学方式的变化

（一）信息技术改变了教学信息存在的基础

信息技术作为一种新的教学手段被引入教学，将会改变原有教学信息存在的基础。传统的教学手段，比如口头语言、书面语言，其教学信息存在的方式是以原子（atom）为基础，有一定的质量；而以信息技术为代表的现代教学手段，其教学信息存在的基础是比特（bite）。比特没有颜色、尺寸或重量，能以光速传播，是信息的最小单位。又由于原子具有一定的重量与质量，因此，用传统的教学手段传播教学信息具有静态特征，缺乏教学的直观生动性，而且这种信息往往不能让学习者随意"操作"，成为一种"死"的信息，由此制约了使用这种教学手段对学生学习的吸引力[①]。而比特是一种没有重量与质量的二进制符号，因而基于该技术手段下的教学信息具有动态特征。也就是说，操作者可对教学信息进行技术性处理与操作，如进行信息的移动、放大、旋转等处理，甚至可根据学习需要而使教学信息呈现出大小、远近、虚实活动的变化，从而能更加生动、灵活、多样地表现事物，呈现教学信息，是一种"活"的教学信息。

（二）教学信息存在方式的变化引起新的教学系统的产生

基于比特而存在的教学信息，与时间、空间的相关性较低，不存在使用场域，既可在同时空中进行教学，也可在异时空中进行教学。特别是在教育规模较大、场地间隔较远等情况下，以信息技术为基础的现代教学手

---

①　孙亚玲. 课堂教学的变革与创新［M］. 广州：广东教育出版社，2006：244.

段的时空适应性的优点就会更加凸显①。教学信息对时空要求的突破，使得利用现代信息技术为中介实施教学成为可能，由此导致"教师—网络—学生"的"人—机"教学系统的出现，导致教学方式的革命。在这种新的教学系统中，教师由传统课堂教学中处于在场支配、主讲的角色转变为"缺席"，在幕后设计开发数字化教学资源、指导学生学习、提供学习咨询。学生由台下的静听者、接受者，转变为主动者、自动者和操作者，能够自主地根据自己的学习情况，选择学习内容，采用合适的学习方法，有计划地调节学习进度与难度，真正成为学习的主人。因此，信息技术作为一种新的教学手段进入教学，改变了千百年来教学中一直传承的同时空教师教、学生学的传授—接受式教学，使师生异时空的指导—自主式教学成为可能。

三、教学主体的变化

（一）教学信息传播方式的变革呼唤学生成为教学主体

信息技术进入教学系统，改写了原有的教学手段，产生了新的教学方式和教学系统。这引发人们的思考：教师与学生到底谁是教学的主体？在教师教、学生学的教学活动中，回答这个问题的确很难。经过几年的论争，主要形成了教师主体说、学生主体说、双主体说、教师主导学生主体说等。

在传统的教学系统和基于信息技术的教学系统中，教学信息的传播方式具有很大差异。使用传统教学手段开展教学，需要教与学在同一时空，教学信息的传播是：传播者（教师）主动推给接受者（学生）。这种教学信息的传播模式由教师控制，教师决定信息传播的内容、容量、方式、对

---

① 孙亚玲.课堂教学的变革与创新［M］.广东：广东教育出版社，2006：245.

象、节奏与难易度等，具有绝对的"主导权"甚至是"霸权"。因此，不存在学生对教学信息的选择权，也就没有学生的主体性可言。但在使用以网络为基础的现代信息技术教学手段时，教学信息的传播是：学生主动提取，教师提供教学信息资源库。在这种教学信息的传播模式中，开放性的网络教学信息由师生共有，由此破除了教师对教学信息的"霸权"地位，实现了教学信息的师生共享。而且，对教学信息的内容及其容量、教学信息的呈现方式与速度、教学的节奏与难易度等，可由学生自主选择。因此，在运用教学信息时，学生必须保持学习的主体性。

（二）学生的主体性在现代教学手段中得以发展

学生使用现代信息技术进行学习，对教学信息的应用必须保持一定的主动性，同时需要有一定的自律和主动精神。利用网络教学信息进行学习，不像传统的学校课堂教学，总是有人在督促学生学习。学生一旦学会利用网络学习，就不再是被动的学习者。因此，在利用网络让学生学习时，学生比以往任何时候更需要具有主体性；而且要在这种主体性运用中发展学生的主体性。

总之，信息技术手段运用于教学，将会出现无中心或多中心、无主体或多主体的特点，改变了以教师为中心、学生被边缘化的情况，形成了师生间权利对等分配，师生都是教学的中心，或者都是"去中心"后的主体。教师的地位、作用将发生变化，由"教"向"导"转换，学生由"生徒"变为主体的人，教学不再是向"容器"灌输而是学生的主动学习，学生从"要我学"转向了"我要学"。

四、教学形式的变化

信息技术的发展，改变了人类的生存状态，将我们生活的世界分为现实世界和虚拟世界，人类可以在这两个世界上生产生活。在教育上，学校的课堂也分为现实课堂和虚拟课堂两种，人类可以利用虚拟课堂开展教学实践活动。我们将虚拟课堂引入传统教学，不是替代传统教学，而是将网络作为传统教学的工具和手段，在尽可能保持传统教学优势的前提下，让传统教学（现实课堂）的优势和数字化教学（虚拟课堂）的优势得以充分发挥，实现二者的互补，获得更佳的教学效果，这就是混合式教学。当然，信息技术作为一种媒体，利用它进行教学也有一定的适用范围，不是什么内容都可以采用，应当选择一些具有开放性的、适合信息化教学的教学内容来进行①。

五、教学内容的变化

信息技术中的网络技术、虚拟技术能有效地解决知识信息的有限时效与快速更新之间的矛盾，使学校的教育内容不仅仅局限于书本、教材上的知识，而逐步扩大到虚拟无限的网络空间。面对纷繁复杂、瞬息万变的世界，社会对人才提出更多新的需求，学校封闭的教育体系将被打破，与社会的联系更加紧密，走向开放，既包括对学生现实世界的开放，也包括向学生可能世界的开放。在课堂教学中，教师可以运用现代信息技术手段，把丰富多彩的社会资源引入课堂教学。比如，可以让学生看到万里长城、南极冰川、海底世界等壮丽景色，也可以将周期长的事件在短时间内通过视频呈现给学生。这些信息化手段的利用不仅能扩大教学的信息资源，而且能丰富教学内容，具有传统教学手段无法具备的优势。此外，突破教科书的局限。信息技术的发展，使教材的形式发生了根本性的变化。教材的形态不再局限于文字、音像，还可以是以信息技术为载体的各种各样的教学软件，比如专题学习网站、网络辅助教学课程教学资源等。当然，也有许多网站能够提供丰富的教学资源，使人们轻松地获取知识和信息。

---

① 王忠政．网络辅助教学的探索与实践［J］．中国医学教育技术，2009（5）：53.

第二节　信息技术在地方高校本科
教学应用中存在的问题

回顾人类历史，技术曾经创造过无数奇迹，实现人类许多梦想，我们自然而然也会给予许多期待与关注。自 20 世纪后半叶以来，信息技术的飞速发展，网络技术的出现与普及，使技术已渗透到社会生活的各个方面，改变着人们的生活、学习和工作，教育领域也受其影响，应用越发广泛与深入，掀起一波又一波的信息技术在教育教学中的应用热潮，经历了计算机辅助教学、网络辅助教学、信息技术与课程整合、信息技术与教学融合等几个阶段，取得了一些成绩，但在具体使用过程中也存在一些问题。笔者在文献研究及实地考察江西财经大学、北京工商大学、浙江财经大学、南京财经大学等地方高校后，结合自己长期工作的广东财经大学，在开展实践研究的基础上，认为信息技术在地方高校本科教学应用中存在问题的情况主要表现为：不想用、不会用、形式上用、不实用这四个方面。

一、不想用

不想用，主要表现为教师教学的习惯、认识和观念上的问题、信息技术应用的资金投入问题以及学校的政策导向与考核评价等。

（一）教师教学的习惯

有关研究表明，人的行为方式一般是建立在一定的行为习惯和传统基础之上的，容易受理念等因素的影响，教师自身也具有较强的保守性，一旦形成相对稳定的教学方式，就不易受外界各种因素的影响而发生改变①。

---

① 刘春莲. 信息技术对我国大学教学模式的影响论析［J］. 电化教育研究，2008（12）：51.

在课堂教学上，一些教师已非常习惯于一块黑板、一支粉笔、一本教案的教学形式，轻车熟路，得心应手，认为自己这样的教学模式已经很好，不需要使用信息技术。

（二）认识和观念上的问题

在地方院校中，许多教师来自非师范院校，他们对新的教学理念和教学方法不是十分熟悉，自然也不会轻易采用，认为使用信息技术不能改善教学效果，甚至对自己熟悉的学科是否需要采用信息化教学没有足够的认识和理解，更缺乏研究的积极性。正是这种观念导致部分高校教师仍然习惯于传统的以黑板和粉笔为主的教学方式，对信息技术持排斥的态度。

（三）信息技术应用的资金投入问题

信息技术要想在学校教学中得到有效的应用，需要给教师和学生提供方便快捷的信息技术使用条件。也就是说，学校需要一定的信息化建设方面的资金投入，让学校拥有一定数量的计算机，能为广大教师、学生提供良好的上网条件，同时能有一定的教育软件的支持等。经过二十多年的发展，一些条件好的地方高校在网络设施建设方面已具有一定的规模，也陆续购买了一些信息化教学资源软件平台，比如大学英语学习平台、清华在线教学平台等。虽然这些硬件设备是以实实在在的物质形态存在的，容易让人得到一种投入的感觉，但信息化软件资源、师生的信息素养的提升往往被忽视。尽管有了一定的硬件设备投入，但若没有相关的软件资源投入，硬件设备应有的效益很难得到发挥。

（四）学校的政策导向与考核评价

教师是教学的灵魂。国家、地方和学校各个层面制定的政策为教师提供实质性的物质奖励、可用的培训知识、充足的个人时间以及对教师的考核方式，都是影响信息技术在教学中应用的重要政策因素，特别是对高校教师教学的考核方式。

目前，许多高校对教师的考核方式仍以论文发表的数量和质量为考核依据，也是评聘职称的重要基础，较少有人关注教师的教学水平。这种"重科研轻教学"的考核评价方式，导致相当多的教师在科研方面下功夫，而对教学却敷衍了事，缺乏对教学思想、教学模式变革方面深层次的思考和研究，不会把新旧两种教学理论进行有机整合，更谈不上花费很多的时间和精力去研制、开发教学资源与课件①。

二、不会用

不会用，一方面表现为信息技术知识和技能的缺乏，另一方面表现为对信息技术的过度使用。

（一）信息技术知识和技能的缺乏

正是信息技术知识的缺乏，导致部分教师在使用信息技术时存在畏难情绪。表现在教学中就是很少甚至不使用信息技术，年纪大一些的教师表现会更加明显。他们很难感受到技术在教学中的作用和价值，更无法体验技术给教学活动带来的方便与高效。也有一些教师会由于对技术的不熟练，害怕在学生面前显得手脚笨拙，因而不敢使用。

（二）对信息技术的过度使用

信息技术作为一种新技术，多种多样，层出不穷。它既有优点，也有缺陷，但部分教师一旦接触到这种新生事物，往往只看到它会给教学带来的好处，马上就给予充分肯定，进而忽视技术本身具有的某些缺陷；或者

---

① 王忠政.信息技术环境下的高校课堂有效教学研究［J］.软件导刊，2012（1）：19.

在教学中刚刚引入一种技术，还没有完全消化吸收，就急于跟进最新的技术，不给现有技术足够的适应和发展空间。也就是说，为了用而用，一味地追求技术，根本没有发挥信息技术在教学中应有的效果。

三、形式上用

形式上用，主要是由于部分教师对信息技术的认识与理解存在一定误区，未能充分理解信息技术在教学中使用的内涵，使用上存在浅层化与泛化的现象。

（一）认识与理解上的问题

从整合的视角看，将信息技术应用于教学就是将信息技术全面有效地应用到教学过程中，目的是重组、重构各种教学资源和要素，在整体优化的基础上产生聚集效应，促进教学方式的变革①。在这个过程中，教学始终是主体，信息技术是为了配合教学、辅助教学，为教学服务②，目的是提高教学质量与效率，代替教师的部分劳动或做一些教师凭人力做不到的事情。一些教师由于没有系统地进行过相关理论概念的学习，知其然不知其所以然，对信息技术用于教学的认识只是停留在表面。他们在认识和理解上存在着误区：①在日常课堂教学中使用了幻灯投影、计算机等与信息技术相关的设备，就认为自己开展了多媒体教学。②在信息化教学资源平台上放置一些电子化的教学资源，比如教学大纲、电子教案，提供一些相关的网站链接供学生使用，就以为开展了信息化教学。殊不知，他们仅仅是利用信息技术在教学中做了一些基础性的工作，仅仅完成教案的电子化、教材的电子化、课堂教学的电子化。他们并没有认识到：信息技术不仅仅是一种技术、一种手段，它包含了许多丰富的内涵，蕴含着新的思想

---

① 刘春莲. 信息技术对我国大学教学模式的影响论析［J］. 电化教育研究，2008（12）：51.
② 王娟. 影响高校多媒体教学效果的因素分析与建议［J］. 电化教育研究，2009（5）：96.

和方法。它在教学中应用的实质并不是将信息技术与学科内容进行简单的叠加，而是将技术、资源、思想、方法、内容进行有机结合，达到相互融合的目的，是完成特定课程教学任务的一种新型教学方式。这种教学方式需要理解在教学中何时引入信息技术，在教学的哪些方面引入信息技术，需要采用什么样的教学方法与之相适应等关键问题。

（二）"穿新鞋走老路"的现象

在各种软硬件条件得到保障时，在政策的引导下、优秀示范的带动下，一些教师开始能够并愿意接受将新的技术用于课堂教学，比如能在案例教学、情境教学中为学生引入丰富的信息化学习资源等，但这种应用仅仅停留在形式上，并没有对原有的教与学的方式产生实质性的改变，更谈不上教学方法、教学模式的创新等。较为典型的是，教师在利用课件进行多媒体教学时，仅仅是"教材搬家"、念 PPT，师生、生生间缺乏必要的交流互动，学生在大容量大信息的轰炸中疲于奔命，"人灌"成了"机灌"，现代化的教学方式荡然无存，陷入"填鸭式"教学的怪圈。

（三）使用泛化的问题

随着学校软硬件基础设施投入的增大，信息技术越来越被广大教师所接受，使用的范围也越来越广，这必然带来技术使用的泛化问题。在具体的教学实践中，这种泛化主要表现为：①认为只要是使用了信息技术就是应用多媒体进行教学，使信息技术在教学中的应用表现为浅层化和表面化。②部分教师由于对信息技术过于依赖，如果离开了课件或课室设备出现问题，就不知该怎么上课；或急于追求最新技术，在没有对信息技术充分消化的基础上就匆匆"上马"，没有给现有技术足够的适应和发展空间。③不负责任，应付教学。有的教师为了偷懒，使用别人制作的现成的教学资源或课件，忽视学生差异、环境差异，不管班级、年级学生的特点，不加改变地使用同一教学内容，从而让技术游离于学科课程教学目标之外，难以实现应有的效果。因此，教师对信息技术在教学应用中的认识和理解是影响信息技术在教学中应用的重要原因。

（四）政策强迫推动下的使用问题

一些学校将一定的信息化条件建设完成后，为推进信息技术在教学中的广泛应用，开始制定一些政策。规定 40 岁以下的教师能独立地制作课件、会使用多媒体开展教学等要求；或是在公开课程、教学评优中，把"是否使用多媒体"教学看成教师教学能力评价的一项指标。由于这种政策是强制性的，是硬性指标，一些教师有些被强迫的感觉，因此，在执行的过程中，其执行效果是可以想象的。

形式上用，主要是由于对信息技术与学科教学整合的认识肤浅，只是将信息技术和学科教学进行一种"穿靴戴帽"式的"硬拼接"，错误地认为课堂教学就是电子教案加上课件演示，网络教学就是将课件、教学大纲、教学计划等资料堆在网络教学平台上，而忽视学科特点和教学内容的差异，使信息技术成为教学活动的一种装饰。

四、不实用

不实用，主要表现为：学校建设的教育教学资源因没有统一的规划，缺乏标准。购买的部分教学资源需要结合学校的实际情况，进一步地开发或建设，否则不能直接使用。由于数字化资源的知识产权问题尚无有效的解决方法，部分教师辛辛苦苦开发与建设的资源不愿奉献出来，大家只能仅仅靠自己的力量单打独斗，很难形成批量的、可共享的数字化教学资源。

第三节　信息技术在地方高校本科教学应用中存在问题的原因探析

上节探讨了教师在使用信息技术开展教学方面存在的问题与不足，主要存在四种情况：不想用、不会用、形式上用、不实用。当这些问题出现的时候，人们不禁思考：为什么会出现这些情况呢？信息技术如何在教学中科学合理地使用，才会给我们的教学带来好的教学效果？下面笔者将从信息技术的特性、信息技术进入教学的前提条件、信息技术进入高校教学过程的基本规律、信息技术的二重性与局限性、政策的导向性与保障性、信息技术在教学应用中的"人"这六方面，对信息技术在教学应用中存在问题的原因进行探析。

一、信息技术的特性

（一）信息技术来源的多元性与复杂性

高校教学中信息技术的来源比较多元，而且有些信息技术较为复杂。

1. 来源于其他领域的信息技术

在人类文明的发展史上，革命性的技术层出不穷，大多数技术都是比较专业化的，但并不是每一项技术都适合进入教学领域，而是各有其适用范围和内在规律。比如，网络技术的出现首先因军事的用途而开发，后因其特性正好能满足教学的某些要求，在一定的社会历史背景下，被引入教学领域。但其被引入教学领域，并不意味着它会在教学领域得到快速的普及和应用，而要经过一个被选择和再改造的过程。因此，在技术对教育教学带来影响的同时，教学也会对技术提出各种要求。

2. 来源于为教学专门开发设计的技术

有教学需求就有市场，有市场就有为满足学校需求的企业。企业介入教学一般有两种方式：一种是企业的技术与学校的需求结合形成某种产品，然后因其市场价值进而被推广到其他学校；一种是企业根据社会发展的前瞻性分析，首先开发出某些产品然后推广到市场。这两种技术介入教学的方式均是从教学的需求出发，满足了教学的某种特定需求，这种技术因教学的需求而产生，进而服务于教学。比如，我们使用的网络教学平台Blackboard、清华在线、现在新出现的为满足 MOOC（大型开放式网络课程）而产生的清华学堂等。

3. 来源于为某些学科、专业专门开发的行业专用软件技术

学校信息化教学除受自身因素影响之外，还受社会信息化的影响。随着社会的发展，将会产生各种各样针对不同专业类型开发的信息化软件，比如，会计电算化系统、金融信息系统、网络营销系统、网上银行系统等不断涌现。由于这些软件能够提高行业的效能，因此一些新的软件将被广泛应用于行业科学管理和服务与企业决策分析等方面。社会行业的信息化也对学校的教学产生影响，学校为培养适应社会发展需要的人才，与社会接轨，在教学内容、人才培养课程体系方面出现了一些新的专业知识与学科课程。教师在使用这些软件进行教学时，也会针对软件设计开发的问题与不足，改造或升级原有的软件，这就产生了为学科、专业教学而专门开发的软件。

（二）信息技术的不断更新

随着信息技术的不断发展，将会出现两种情况：①一种新出现的技术取代旧的已有的技术；②原有的技术在应用中出现了问题，需要不断升级改造。当这些情况出现时，教师就需要与最新的技术保持同步。对于有些好不容易刚掌握好的技术，需要重新学习和适应，这在一定程度上对部分

利用信息技术开展教学的教师的积极性产生影响。

（三）信息技术的不稳定性

在教学中应用的技术有单一的技术，也有系统集成的技术，但只要是技术，就可能有技术上的故障与问题，比如病毒的问题、软件的兼容性问题等。当问题出现时，教师可能没办法在上课时间去查找原因、解决故障，因此可能就放弃使用信息技术，改用传统的"粉笔＋黑板"模式。

应用在教学中的信息技术比较多元，包括经验形态的技术、实体形态的技术、知识形态的技术，而且层出不穷。每个学科又有各自的特点，哪种信息技术适合某一学科教师的教学，信息技术的多元性决定了教师对其有一个心理选择与接受的过程。同时，有些信息技术比较复杂，对使用者会提出较高的要求，这也会影响教师使用它的意愿。正是由于信息技术的来源比较多元，有些技术比较复杂，并不是所有的技术都适合高校的教学，也需要根据学科的教学内容、学生情况对信息技术做出恰当的选择，须熟练掌握所用的信息技术。这就造成一部分教师不愿意做出改变和选择，干脆不用；一部分教师看别人用或者对新东西充满好奇，但又没有很好地消化和吸收，不假思索地使用。这就造成不会用、形式上用、不实用的问题。另外，随着时代的进步、社会的发展，运用于教学中的信息技术也在不断更新，这也需要教师不断学习，保持与之同步，否则容易在操作使用上遇到困扰。同时，技术也具有不稳定性，它可能会在教师使用前、使用过程中出现故障。这些原因均会在一定程度上挫伤部分教师使用信息技术开展教学的积极性，这是信息技术得不到良好使用的原因。

二、信息技术进入教学的前提条件

教师在教学过程中运用信息技术，要想产生预期教学效果，需具备以下基本的前提条件。

（一）从使用者的使用意愿上看，达到"我要用"并且"要用好"

"我要用"体现在教师不是被动地使用信息技术，而是愿意接受、主动地使用信息技术，"要用好"是更进一步的要求。但"要用好"也将对教师提出一定的要求，就是能娴熟地使用技术。这种"娴熟"主要体现在两个方面：一是对信息技术操作技巧的熟练掌握程度。在教学中运用的信息技术，来源比较多元、复杂，更新变化又快，对使用的教师必然提出一定的要求。二是对信息技术使用的合理性。这种合理性，包括了解信息技术的特性、掌握运用信息技术的方法、明白怎样用和为什么这样用等。也就是说，教师能根据自己的授课内容，结合所选信息技术的特性、自己的教学习惯与方法，正确地认识和理解信息技术在教学中的价值与作用。

（二）持续稳定的信息化硬件教学环境

为了满足信息化教学的需要，学校需要对学校的信息化硬件环境进行规划、设计、购置、集成与维护，适时更新产品，保证设备的稳定性，做到可持续使用，也需要学校有计划、有组织地持续投入资金。

（三）不断创新的软环境建设

一项新的技术在教学实践初期，必会与原有的教学方法、教学模式、教学理念、教学体制机制等发生矛盾和冲突，这需要在长期不断的教学实践中进行调整、更新，甚至重建①。在实践过程中发现问题、解决问题，在创新中发展，在反思中成长，只有当方法、模式、理念相对稳定且逐步形成制度时，一项新技术对教学的影响才算完成，这个过程也将是长期和缓慢的。

---

① 颜士刚 . 新技术怎样才能带来好的教学效果 [J] . 中国电化教育，2011（5）：18.

三、信息技术进入高校教学过程的基本规律

当教师愿意并且很用心地使用信息技术来改善教学的时候，信息技术将如何进入原有的教学系统？这个过程有何规律呢？下面将重点对这些问题进行探讨。

信息技术作为一种教学手段引入教学后，一般会经历工具手段—方法改造—模式创新三个阶段（图 2 - 1）。课堂教学是教学的主战场，信息技术用于教学，可以在课堂教学上直接使用，可以在课外使用，可以课内课外结合使用，不同的情况将会有不同的应用形式。

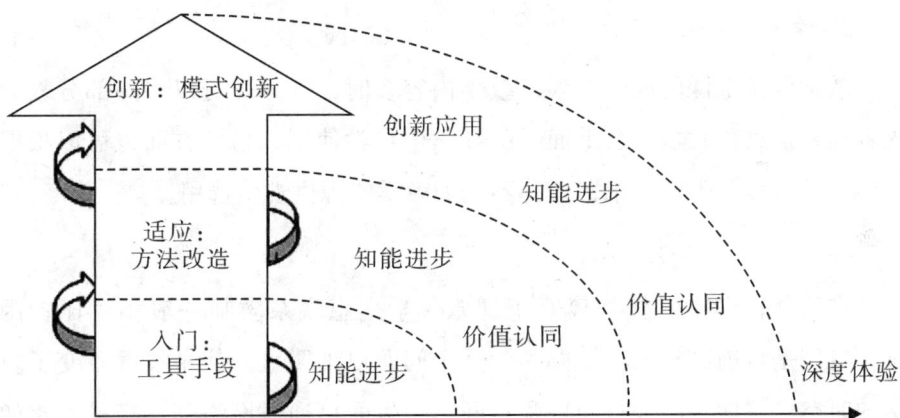

图 2 - 1　信息技术进入教学的过程

（一）教学工具手段

本书在开篇信息技术的概念界定中明确指出，信息技术是一种技术，是人体器官的延伸，天职是助人。信息技术进入教学，首先人们在教学中可能遇到某些困扰或问题，然后开始思考解决问题的方法，当了解到某个或某些信息技术具有某方面的优势，具有解决该问题的可能时，教师或许会拿来尝试性地使用，觉得行就会继续使用，不行将会进行改造或改良后

尝试性地使用。若还不行就会弃用。尝试性使用并取得成功，信息技术进入教师的教学活动，以工具的形态在教师某些教学环节发挥作用。这是信息技术进入教学的第一步，也是最基础的一步。这时，信息技术对教学活动的影响仅停留在其所具有的"功能"范围之内。一般来说，信息技术作为教学工具，具有以下几个方面的功能：

1. 作为教学内容的演示工具

信息技术能够改变教学信息的传输方式与呈现方式，在教学过程中，教师利用投影仪、幻灯片、电视、网络、计算机等信息技术手段，使教育信息的传播不再局限于文字的表达，还可以通过图像、视频、动画和音频等多种信息形式呈现，增加了教学信息的直观性、形象性和生动性。

2. 作为个别化学习工具

教师课堂上课的课时有限，教学内容多时，一方面可以将一部分教学内容放在信息化教学平台上面，引导学生自学使用；另一方面也可以根据学生间的差异和不同需求，选择不同的教学资源供学生选用。

3. 作为交流互动工具

在传统教学中，教师离开了课堂，学生想联系教师一般相对比较困难，特别是目前高校跨校区办学，这个问题更加明显。信息技术改变了教学的时空，将课内课外打通，师生间、生生间可通过网络互动工具，比如QQ、微信等方式保持联系、讨论问题等。这种联系方式使师生间、生生间的交流更加方便快捷。

当然，信息技术也可作为学生学习的认知工具、知识的加工工具等。许多新技术以工具形态出现，丰富了教学手段，使教师在组织教学时根据自己的教学需要，有更多、更有效的媒体选择，教学手段更加灵活多变，也可作为工具设计更加复杂的教学活动。下面以利用毕博平台讨论版为工具开展"行为金融学"课程中的金融泡沫形成机理的教学活动为例进行说明。

　　为讲授金融泡沫形成的机理这部分内容，授课教师首先利用Blackboard平台讨论版的发帖功能设计模拟竞价系统，建立三级帖报价机制区分交易配对和新报价，将最主要的交易信息：交易价格和成交量显示在这个可共享平台上（流程详见图2-2）。

　　案例的主要成果体现在以下几个方面：

　　①利用Blackboard平台建立可随时进入的"金融泡沫"知识点的课件集，围绕该知识点提供基础理论介绍、重要研究文献拓展阅读和下载链接、实验方案设计指引和交易指引等系列资料，帮助学生拓展知识面，延展有限的课堂时间，满足学生不同层次的需要。

　　②"金融泡沫形成机理的动态模拟"利用Blackboard平台中的讨论版可以进行多级回帖的功能，设计了一个可以自动配对和撮合买卖行为的报价机制。

　　③利用Blackboard平台建立了测度金融资产泡沫的数据库，可向师生开放，作为研究的依据，实现教学与研究的良性互动。

　　实验之前，需要检查实验设备，做好必要的实验数据记录。由于Blackboard平台并不是专业的股票交易软件，所以在模拟交易进行中同步整理交易数据，需要专门分配一名学生助教履行证券交易所的职责，记录交易数据并进行初步整理。

（教学活动）   开始   （信息化应用）

| 讲解教学内容的基本结构 | 展示Blackboard平台的学习资源 |

| 概述金融泡沫的定义和测度方法 |

| 介绍股票估值模型和投资获利的两种方式：资本得利和股利 | 演示多媒体教学材料，提供网络相关的学习资源 |

| 组织角色扮演，说明实验目的 |

| 讲解角色分工要求和模拟竞价规则 | 展示Blackboard平台的实验指引 |

| 引导Blackboard平台上的学习活动 | 利用Blackboard讨论板三级回帖方式建立模拟竞价系统 |

学生通过模拟实验，体会资产泡沫的形成机制

| 整理并分析实验结果 | 演示利用Blackboard平台建立的数据库 |

| 点评实验结果，引导学生回顾实验过程中非理性因素在模拟竞价中的作用 | 展示Blackboard平台的实验成果 |

学生思考讨论教师提出的问题

结束

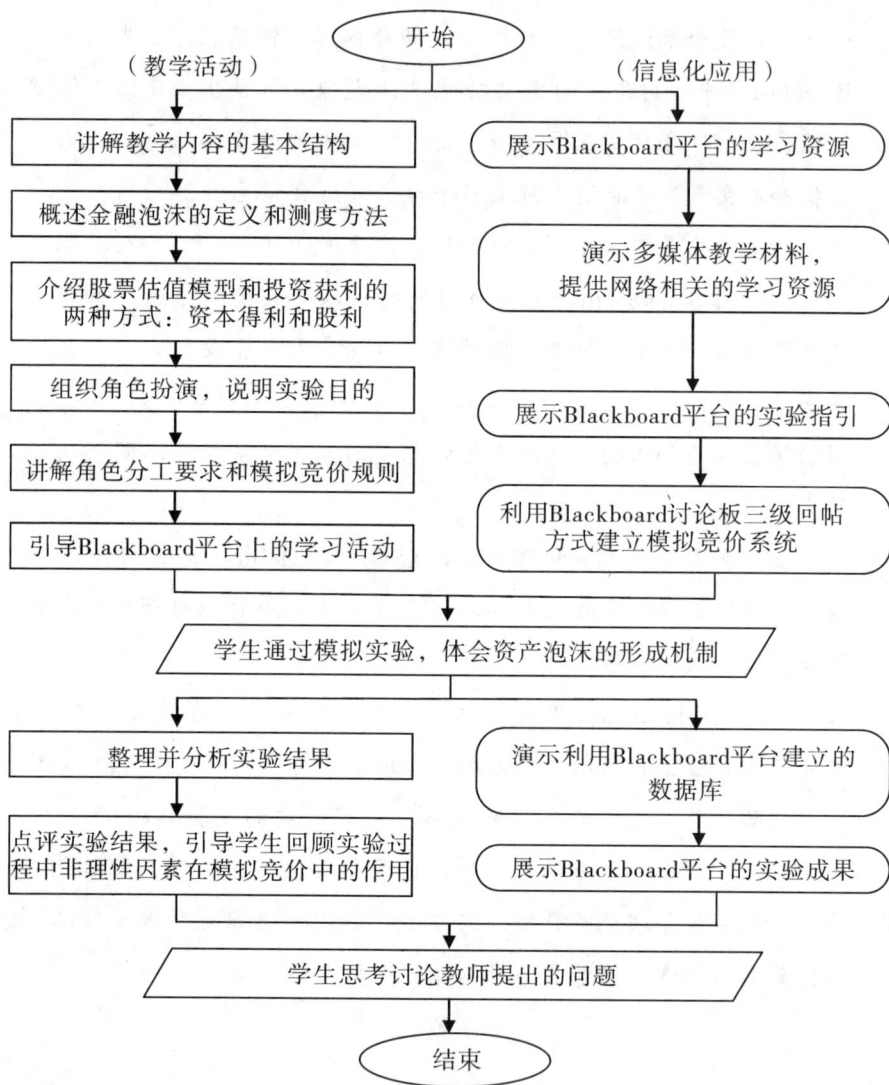

图2-2   "金融泡沫形成机理"的教学活动设计

基于 Blackboard 平台实现金融实验的主要步骤：

1. 实验设计

实验利用 Blackboard 平台给学生随机分组，每组 6 ~ 10 人，模拟交易将在组内进行，各组交易分别作为一个样本，在实验结束后进行对比。教师在 Blackboard 平台上发布交易者指引和记录者指引。采取由采用记录人在讨论版中创建新话题，开设一级帖，报价人回复一级帖提交交易指令询价（二级帖）、意向交易者回复二级帖承诺交易（三级帖）的方式解决在非股票软件中实现交易配对的问题。为了随时处理交易中可能出现的问题，本案例还利用了微信平台进行实时交流。

2. 实验结果的演示

实验结束后，本案例从 Blackboard 平台中导出实验数据，统计金融资产的成交价格、市场报价水平、成交量、投资者现金金额、期末资产总额等变量，制作有关图表，在课堂上进行演示和讲解。

（二）升级改造原有的教学方法

当信息技术在教学中作为工具手段尝试使用成功后，与这种技术相关的知识、方法和使用技能将会逐渐被教学主体（教师或学生）所接受或掌握并逐渐重塑成为其能力。随着教师对该技术的使用频率增加，倘若还使用原有的教学方法，有可能会带来一些矛盾和冲突，这就需要升级改造原有的教学方法，或者变革现有的教学方法与之相适应。正是由于教学手段的变化带来了教学方法的改变，表现为"手段—方法论"，例如，利用音频、视频教学的媒体播放教学法、针对个别化学习的 CAI 教学法、基于网络的合作学习方法、师范教育中的微型教学法等。这些方法最大的共同点就是都建立在一定的媒体技术之上，随着信息技术的发展而不断演进。也就是说，当技术在教学过程中被采用后，其应用效果主要取决于媒体使用的方法，更进一步讲，取决于使用媒体的人①。下面我们以广东财经大学的某教师"计算机应用基础"课程教学方法的升级改造为例进行说明。

　　"计算机应用基础"是一门实践性很强的课程，需要大量的实践操作训练和教师的指导，而课上的时间非常有限，教师与学生缺乏面对面的交流和指导。基于课程的这种情况，该课程授课教师基于"自主学习，自我评价，扩展知识"的教学理念设计建设了"计算机应用基础"的网络辅助课程，内容包括课程信息、授课教案、教学案例、作品示范点评、学生优秀学习成果展示、扩展资源、测验7个模块的学习资源。此外，针对课程的重点难点，授课教师还专门建设了"Windows 操作""Word 综合""Excel 公式函数专题""Excel 数据管理专题""Excel 图表""PPT 综合"等模块，如图2-3所示，为案例教学法提供了大量具有代表性的案例。

　　接着，将课程内容组织成有代表性的案例，通过网络辅助课程中的"视频教学案例""课程重点难点操作视频演示"等模块，有针对性地对学生进行网络指导教学：①对于基础性、启发性的课程内容，安排在课堂讲授前通过网络辅助课程进行预习，如"Excel 公式函数"部分，是课程的重点、难点，案例也多，知识点划分较细；②比较容易的课程内容和适合学生个性化发展的内容安排在课后学生通过网络辅助课程自主学习，如"Windows 操作"，内容简单，组织编辑案例操作系统，学生课下就可以通过网络教学平台自主练习完成；③在课后没有教师面对面指导的情

---

① 左明章. 论教育技术的发展价值［D］. 武汉：华中师范大学，2008：48.

图 2 - 3　"计算机应用基础"Blackboard 平台教学资源案例

况下，学生可以登录网络辅助教学平台，查看相关内容的视频讲解和操作演示，补充学习课堂上理解困难的知识点，强化课堂上容易忘记的重点；对于需要讨论或研究性学习的内容，则通过网络教学平台上的讨论版进行展开。

　　"计算机应用基础"课程通过利用 Blackboard 网络辅助教学平台实施"基于案例的目标教学法"，完全改变了原有的教学方式，逐渐形成了"案例导引，任务驱动，自我评价"的教学新模式。

（三）影响教学过程，创新教学模式

随着使用频率的进一步增加，利用信息技术开展教学已逐步内化为教师的一种教学方式和行为能力与习惯，成为教师自身素质的一部分。教师使用信息技术教学，会使信息技术具有的某些潜在的教学特性表现出来，对教学活动的影响会更加明显和突出，同时也会与教师原有的教学方法、教学模式、教学原则等产生矛盾和冲突①，甚至与原有的教学理论不协调。这时，教师若还采用原有的理论指导实践，这时的实践将会出现问题。原有稳定的教学结构将会受到挑战，需要重生。

一般认为，教学过程包括教师、学生、教学信息、教学媒体四个要素。当一项新的技术引入教育领域时，首先改变了教学媒体，进而影响教师和学生，又因为媒体和信息具有高度的相关性，教学信息也将随之而变。也就是说，当技术发生变化时，教学过程的四个要素将随之而变，进而影响它们之间的关系和作用方式，对原有的整个教学过程中的稳定结构产生影响，引发教学模式相应的改变与重构。例如，网络技术引入教学后，表现出一些新的特征，改变了教学信息呈现方式，许多知识可以用多媒体形式呈现；改变了学生获取知识的途径，许多知识可以共享的方式进行分享，教学信息资源更加丰富，教师不再是学生信息资源的唯一来源；改变了师生的交互方式，可以不再局限于面对面的交流等。教师可根据网络技术带来的这些变化，根据自己的教学内容，结合学生的特点与需求，重新设计、组织自己的教学活动，形成新的教学模式。例如，基于网络协作学习的教学模式、基于信息技术的中外教师远程合作教学、教育电子学档的教学模式等等。下面举一些笔者开展教学实践总结的教学模式创新的案例。

---

① 颜士刚. 论教育技术化是技术教育价值的实现和彰显［J］. 电化教育研究，2007（12）：10.

案例 1　资源共享—师生共建—基于资源利用的教学模式

教师
共享
资源
→
引导
资源
利用
→
讲授
研讨
→
扩展
性
学习
→
网上
互动
→
完成
作业
任务
→
共享
学习
成果

图 2-4　资源共享—师生共建—基于资源利用的教学模式流程

"零售学"课程是一门实践性强、各种各样的企业案例较多、热点问题关注度较高、学习资源较为丰富、更新变化很快的课程。针对这些特点，我们利用网络辅助教学平台开展"零售学"师生共建共享网络资源，促进教学相长的教学改革试验。

该课程共建共享的教学资源主要分以下几个层次：第一个层次是教师主导建设的共享资源。这类教学资源是教师根据教学要求经过精心挑选、编排并附以点评的教学材料，提供给学生，引导他们在课后进行学习，同时也提供一些更加丰富的扩展性资源，供感兴趣的学生进一步地深入学习。第二个层次是师生共建共享的资源，这类教学资源在网络辅助教学平台上以"读书会"的形式展示，主要是组织学生与教师一起寻找与自己课程相关的知识、学生相对比较感兴趣的书籍，开展广泛阅读并以读后感的形式在网络教学平台上进行共享与推介。这样，教师与学生都能在有限的时间内共同获得更多专业知识与最新信息，一起获益。第三个层次是跨时空的生生共建的学习资源。这类资源主要是利用网络辅助教学平台的特性，让参与课程学习的本科生、研究生以及毕业的学生充分利用网络辅助教学平台交流互动的功能，共建学习资源，分享学习经验和工作经验。

通过这种方式，在长期的教学实践中，资源共享—师生共建—基于资源利用的教学模式逐渐形成。

案例2　情境设计—角色饰演—基于网络协作的教学模式

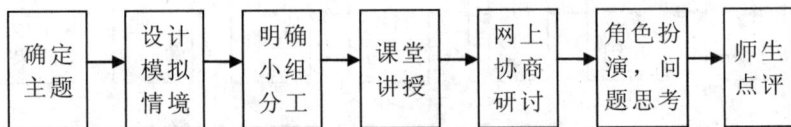

图2-5　情境设计—角色饰演—基于网络协作的教学模式流程

"宪政与人权"通过让学生模拟人大代表向人大会议提议案，让学生站在不同职业立场的角度，灵活运用人权法学的专业知识，结合社会现实，提出问题、分析问题、解决问题，使学生在角色扮演中得到法律专业技能和职业道德的培养和训练。具体步骤如下：首先，通过网络平台告知学生学习主题与学习方式，确定模拟情境，发布相关资料，引导合理分组；在课堂上，讲授相关人权的原理、规范及制度；课后各小组利用网络协商准备。然后，回到课堂上时，各小组根据课前准备的某个关注的社会问题准备议案材料，分别登台进行提案，同时回答台下的质疑；模拟结束后，全班同学根据每个小组的议案进行投票表决，选出得票最高的议案。最后，教师进行点评与总结，并在课后利用网络平台作进一步互动讨论，互提建议。

在这门课程的学习过程中，逐渐形成了情境设计—角色饰演—基于网络协作的教学模式。

(四) 形成稳定信息技术支持下的教学系统

教学系统是指由各种教学要素组合而成的，具备一定的教学功能和能够实现一定的教学目的的有机整体①。关于教学系统的构成要素，看法各异，其中最为经典的是拉斯威尔的"5W"（Who says，What，in Which channel，to Whom，with What effects）模型②。但根据系统论的观点，教学系统一般是由教师、学生、教学内容和教学媒体四个基本要素组成的。信息技术作为一种新的教学媒体要进入原有的教学系统，要想取得好的教学效果，须打破原有稳定的教学系统，重新构建新的教学系统，在新的教学系统中融入信息与技术的元素，实现教学系统更高层次的重生，直至一个新的稳定的教学系统形成。

新的教学系统并不是对信息技术不加选择地融入，而是看它能否解决教学活动过程中的问题，并将教学系统中的其他元素和信息技术有机融合，形成新的整体。在这个过程中，信息技术支撑下的教学系统中的教学本质应始终保持不变并处于主导地位，冰冷的技术不能处于主导地位，否则，教学中的人将会被奴化。技术是一把双刃剑，它进入教学系统若能实现更高层次的教学重生，将会给我们带来许多便利和惊喜，包括教学时空的扩大、教学内容传输方式的改变与拓展、师生交互方式的改变等，这些都是对我们教学产生积极影响的一面。但是，当我们完全适应这种新的系统并成为习惯时，一旦失去技术，我们或许会失去自我，成为技术的奴隶，这又是技术可怕的地方。

（五）信息技术进入教学后表现出的教学功能与规律

信息技术作为一种新的教学手段进入教学，将会表现出两种教学功能：潜在的教学功能和实际的教学功能③。潜在的教学功能是指信息技术作为一种教学手段进入教学在理想状态下表现出的教学功能。实际教学功

---

① 丁卫泽，钱小龙．技术支撑下的教学系统评析：解构与重构［J］．电化教育研究，2011（9）：16.

② 南国农．教育传播学［M］．北京：高等教育出版社，1995：42.

③ 刘世清．论现代教学媒体的本质、发展规律与应用规律［J］．电化教育研究，2005（8）：16.

能是指某一教师使用信息技术手段开展教学实际表现出的功能。我们常说的教学功能是指潜在的教学功能。事实上，实际的教学功能往往总是小于潜在的教学功能。教学媒体潜在的教学功能，只有教师在实际教学过程中能够科学、熟练地使用，它的效能才能得到充分的发挥。

另外，信息技术作为一种教学手段进入教学应用时，要想使它潜在的教学功能得到充分的发挥与实现，从时间性上看，有使用周期和熟练使用周期之分①。使用周期是指某位教师从刚接触到某种信息技术到能够正确操作使用这种信息技术所用的时间；熟练使用周期是某位教师从正确地操作使用某种信息技术到娴熟地使用这种信息技术进行有效教学所用的时间。在这个过程中，功能越单一、使用越简单的信息技术，其使用周期和熟练使用周期越短，而功能越强大、使用越复杂的信息技术，其使用周期和熟练使用周期越长，对同样的信息技术而言，它的使用周期往往比熟练使用周期要短②。当教师运用信息技术达到熟练的程度时，信息技术的教学潜在功能将会得到更好的发挥。

四、信息技术的二重性与局限性

（一）信息技术的二重性

信息技术对教学的影响具有二重性，这是由信息技术自身的特性决定的。一个技术的产生是为了满足人们的某种需要，但由于人们对技术存在不同的价值观和技术观，就会对技术做出不同的评价和选择。当技术满足人们的某种需要并促进人的发展时，技术就产生积极的正价值，服务于人，体现人的目的；倘若使用过程中违背技术使用规律，就会产生有损人的存在与发展的负价值。存在的这种技术异化现象，由技术本身的属性所

---

① 刘世清. 论现代教学媒体的本质、发展规律与应用规律［J］. 电化教育研究，2005（8）：16.
② 刘世清. 论现代教学媒体的本质、发展规律与应用规律［J］. 电化教育研究，2005（8）：16.

决定，与技术谁使用、如何使用无关。比如，在教学过程中，多媒体课件在给我们带来直观形象的图像、动画的同时，也必然让我们得到视觉的强化和听觉的弱化。信息技术自身的这种特性决定了信息技术对教学的影响具有二重性①。当我们认识到技术在教学中的应用具有二重性时，一方面，我们就会认识到技术在教学过程中出现某些问题是一种必然现象，没必要大惊小怪，更不可因此而抵制和拒绝技术在教学中的应用；另一方面，这促使我们正视技术在教学中进一步出现问题的发展和蔓延。这需要客观地分析技术使用过程中出现问题的成因，采取积极的措施在最大限度上给予消解。由技术自身导致的问题，可以通过技术的更新、改进来消解；由技术使用导致的问题，可以通过恰当的引导，达到正确使用的目的。

（二）信息技术在教学应用的局限性

信息技术作为一种现代化的教学手段，能够对教学产生许多影响，给我们的教学带来一些新的变化，只要恰当运用，就会产生一些好的效果。但给我们带来光亮的同时，也会给我们带来几抹乌云。一方面，不恰当的应用会产生技术的异化；另一方面，信息技术本身具有一定的局限性。例如，开放性的网络教学虽然为学生的自主学习、主动发展、主体性张扬提供了条件，但网络学习不可避免地存在着缺陷与不足。

（1）品德教育方面的欠缺。利用以计算机为核心的网络等设备开展教学或学习，有利于学生对某些知识技能的学习和掌握，毕竟是机器不是人，对以意志与行动为最高形式的品德教育较难以完成。

（2）人格示范的欠缺。人的人格塑造有时需要一定的情境，在一定的示范下完成。在教学中，如果没有教师的引导，没有教师直观的人格示范，完全利用网络开展学习，学生将容易出现人格障碍等。

（3）缺乏情感感染。学生利用计算机进行学习，面对的是冰冷的机

---

① 李五洲．从技术的异化谈教育技术的异化和消解［J］．现代教育技术，2009（11）：22.

器，这容易导致学生情感上出现人机关系热，而回到现实世界时，人际关系冷，出现一定程度的孤独感。在没有人的情感教学环境中，难以完成对学生的情感教育。

（4）易误导注意力。网络教学资源非常丰富，内容又具有开放性、过程非线性和隐蔽性，如果完全放开让学生利用网络资源学习，学生有时会放松对学习内容的关注，分散注意力，偏离学习目标。

（5）容易诱发犯罪。网络教学是在虚拟空间下展开的，与现实世界有些地方会有差距，在高智能的环境条件下，学生易受到某种诱惑而成为网络骗子或黑客等。

因此，信息技术在教学中的应用给我们带来许多好的方面，但在应用中也具有一定的局限性。正如苹果公司的创始人史蒂夫·乔布斯所指出的：技术解决不了教育难题，你能把人类全部知识编入光盘，那又怎么样？……千万不要以为这就是在解决问题。以现代信息技术手段为基础的教学也促使我们思考：我们该怎样看待技术？如何趋利避害，发挥现代教学手段的优势？它将如何进入我们的教学并在教学中发挥一定的价值与作用？这些都是值得深思的问题。

五、政策的导向性与保障性

通过上面对信息技术进入教学过程的分析可以看出，在信息化教学应用与推进的过程中，将会涉及人、技术、教学实践、管理等方面的因素，其中教学实践是核心。当广大教师投入大量的时间和精力进行知识的更新与学习，精心研制、开发教学资源，不断地开展教学研究与实践时，相关的教学理念、教学管理、教学习惯、教师的工作环境等会受到冲击。当问题和矛盾发生时，就需要强有力的政策支撑与保障。

（一）教师激励机制与政策导向

由于广大教师在信息化教学过程中需要投入大量的时间和精力，因此在政策的制定上，需通过多种方式对参与信息化教学应用的教师给予适度的引导和激励。例如，承认教师在各类信息化教学应用中获得的奖项与成果；奖励在信息化教学应用中表现突出的教师；承认教师在信息化教学中所接受的培训为继续教育学分的一部分；定期进行信息化教学的课例、课件比赛等。

（二）信息化教学保障制度

影响信息化教学应用的因素，包括信息化教学软硬件环境的建设与投入，师生信息素养的提升等，这些需要结合国家、地方的相关政策，结合学校的实际情况，有计划、分步骤地制定信息化教学的政策与制度，保障信息化教学的持续性资金投入与科学合理的信息化建设规划。同时，为保障信息化教学环境的正常运行，需要组建一支技术支撑服务队伍。

六、信息技术在教学应用中的"人"

信息技术在教学中的应用，始终离不开"人"。在研究人与技术时，我们需要从"人"的角度出发来看待技术。不管技术如何发展，教师和学生始终是不可或缺的角色，本书只探讨教师，因为教师是教学活动的设计者、组织者和实施者，当然也是重要的参与者。信息技术在教学中得到应用，现阶段主要取决于：①教师的态度和教学理念。教师是教学活动的组织者，是教学活动的把关人，教师的态度决定了信息技术能否进入课堂。当教师对信息技术的教学价值能够正确地认识和理解后，并持有积极的态度，就能够把信息技术引入课堂，并且主动使用、积极探索。这时，信息技术对教学的潜在教学价值就可能得到充分的发挥。②教师的背景和实践经历。如对于大多数拥有文科知识背景的教师，由于对技术的认知相对欠缺，尝试使用的意愿就相对弱一些。③教师对技术的熟练程度。前面已阐述，这里不再赘述。

综合上述分析与探讨，我们可以看出，信息技术在教学应用中存在的问题主要是：不想用、不会用、形式上用、不实用。为什么会存在这四个方面的问题呢？分析问题的原因，主要与教师使用信息技术开展教学的意愿与认知程度、信息技术来源的多元性和复杂性、师生对信息技术的熟练掌握程度（即信息素养）、信息技术的软硬件环境条件、信息技术应用于教学的政策导向与管理体制机制这几个方面的因素有关。

本章小结

转型后的地方高校的重要任务是人才培养，而人才培养的关键环节是教学。变革教育首先需要变革教学，变革教学需要采用变革社会的信息技术手段与之相适应。信息技术作为一种新的教学手段引入教学，在延伸教学时空、改变教学方式、拓展教学内容、丰富教学资源等方面发挥着一定的积极作用，成为教学变革中最为活跃的一个因素。但使用不当则会产生技术的异化；同时，信息技术对品德教育、情感教育等方面的应用也具有一定的局限性。基于此，不同的人对信息技术在教学中的应用会持有不同的立场和看法，但这些观点还是有许多共通的地方，技术的本质特征还需要我们不断探索和认知，辩证地看待信息技术在教学中的应用。就信息技术在地方高校本科教学中的应用而言，存在的问题主要表现为四种情况：不想用、不会用、形式上用、不实用。针对这四方面的问题，上文分别从信息技术的特性、信息技术进入教学的前提条件、信息技术进入高校教学过程的基本规律、信息技术的二重性与局限性、政策的导向性与保障性、信息技术在教学应用中的"人"这六个方面对问题存在的原因进行了探讨。

第三章 信息技术在地方高校本科教学中有效应用的对策

上一章论述了信息技术作为一种新的教学手段渗透到原有的教学系统，会对原有的教学系统产生一些变化和影响，形成一些新的教学思想与理念、新的教学方法、新的教学模式，甚至影响人才培养方式与模式。也就是说，信息技术已成为新系统中不可分割的一部分。倘若使用不当，会出现一些问题。地方院校的教育工作者该如何面对这种新变化和新形势，结合地方院校的特点、现状与问题，合理利用信息技术，需要我们采取一些对策。通过上一章对问题存在的原因进行分析后可知，信息技术在教学中的应用有层次之分，有多方面的影响因素，信息技术与地方高校本科教学要想达到深度融合，需要树立教育教学新理念，提升师生信息素养，构建信息化教学管理体系，实施信息技术支持下的有效教学。因此，本章将从这四个方面开展探讨。

第一节 树立教育教学新理念

理念决定行动的方向。我国地方高校是在全球化与信息化的社会背景下，实现从精英教育向大众化教育转型的过程中产生的。由于资源有限，将会面临许多问题：①扩张后的大学所需的大量的物力、财力由谁承担？②大学快速扩张后，人才培养同质化严重，人才培养规模的急剧扩大是否适应社会发展的需要？③大学快速扩张后，资源短缺，比如师资质量不高。④在教育思想与理念上，如何看待学生，培养创新人才？面对这些新问题、新形势、新任务、新挑战，如何在激烈的竞争环境中求生存、求发展？顺应时代潮流，拓展办学思路，激发办学活力，实现对内、对外全方位的开放，走出封闭的办学状态，已成为越来越多高校办学的战略选择，成为中国高等教育发展的新趋势。为解决这些问题，本研究结合财经类学科特点，认为应树立开放式办学、主体参与式教学、体验式学习的教学思想与理念。

一、开放式办学

（一）开放式办学的内涵

1. 关于开放

开放，指解除封锁、禁令、限制等，是封闭、保守的对立面。郭万保在《关于高校开放办学的思考》一文中认为：①开放是一种心态。开放的心态，就是要有海纳百川的胸怀，能用包容的心态面对差异，吸收差异化事物中的正能量，促进事物向良性方向发展。②开放是一种视野。开放的视野，就是能用全局的观念、发展的眼光、事物普遍联系的思维审视周围的事物，在此基础上，做出准确的认知、判断和行动选择。开放的视野，就是能根据时代发展大的趋势，用全球的视野、战略的思维，面对现实，积极进取，勇抓机遇，谋划未来。③开放是一种品格。开放的品格，就是有一种包容万物的气度、自信的品质、勇于探索创新的精神。开放的品格，就是思想解放，立志高远，能不受条条框框的限制，愿意研究、实践、创新，有解决问题的思路与办法，推动事物的发展。①

---

① 郭万保. 关于高校开放办学的思考［J］. 山东理工大学学报，2009（5）：76.

2. 关于开放式办学

"开放式办学"这个概念，在国内认识理解上还比较统一，以现任教育部部长袁贵仁为代表的专家学者认为开放式办学就是"牢固确立教育要面向现代化、面向世界、面向未来的思想。拓宽办学思路，改变人才培养模式，实行对内对外全方位的开放"①。一般而言，开放式办学可分为四个层次：一是学校之间相互开放，优化整合现有资源；二是面向国内高校开放，就是关注国内高水平大学，借鉴它们改革发展的宝贵经验；三是面向社会开放，包括对企业、政府的开放；四是面向世界的开放，就是能根据高等教育的发展趋势，结合学校实际，积极吸纳国际一流大学的新思想、新观念，能把本校优秀教师推向国际舞台，为培养更多高素质人才服务②。一所大学再大，自身的资源总是有限的，而与外界加强联系、交流、沟通与合作，则可寻找到无限可合作利用的社会资源，拓展学校发展空间。因此，开放式办学体现了以下几个方面的观念③：

一是加强合作的观念。加强合作，就是能够与校内外建立友好关系，实现校内的合作、与校外同行的合作、与校外行业的合作。通过合作，拓展办学思路，开阔办学视野。

二是充分利用资源的观念。一所高校再大，其资源毕竟有限，所以要与其他高校加强交流与合作。合作的目的，就是充分利用各自的资源优势，弥补自身的劣势，缩小差距，减少支出，提高效益。

三是开放式教学的观念。我国的大学教学至今仍停留在工业标准化的流水线生产上，坚持"灌输"和"塑造"，教学方式较为单一，培养的学生缺乏个性和创造性。课堂教学是主要的施教场所，开放式办学，就是要

---

①　袁贵仁. 教育哲学片论［M］. 北京：北京师范大学出版社，2002：503.
②　翟传增. 关于地方高校走开放式办学之路的若干思考［J］. 安阳师范学院学报，2010（5）：146.
③　李慧子. 开放办学是现代大学科学发展的必然要求［J］. 学术月刊，2010（1）：105.

让我们的教学不能封闭在课堂之中且不能成为施教的唯一形式，要将课堂延伸到课堂之外，拓展教学的时空，走向社会"大课堂"，一切有利于学生学习、有利于学生增强知识的地方都可以作为施教的课堂。

四是服务社会的观念。大学在科学研究、学科建设、人才培养方面具有独特的优势，服务社会就是要充分利用大学自身的优势，积极主动地服务于社会，取得更多的社会认同和社会支持，提升学校的影响。

（二）开放式办学对地方院校本科教学的启发

从我国高等教育发展历程上看，高水平大学的办学理念均体现了开放式办学的思想，比如北京大学"思想自由、兼容并包"的办学方针，清华大学"综合性、研究型、开放式"的办学目标，浙江大学"大不自多，海纳江河"的开放精神等，无不体现了开放式办学的精神所具有的胆识、气度和胸襟。作为地方院校，其资源有限，人才培养需与社会需求接轨，更应具有开放性，走开放式办学之路，让学校在开放中成长、发展、提高。这种开放式办学思想对地方高校本科教学带来的启发是：

1. 优化整合校内教育资源，促进校内资源的开放

地方院校资源短缺，首先应把办学的着力点放在校内，整合现有的教育资源。比如，建立开放式人才培养模式；打破专业界限，促进学科专业间相互开放，实行教学资源共享；促进校产、仪器设备等内部设备资源的共建共享；将课堂扩展到课外，构建高雅校园。

2. 与地方经济发展相结合，面向社会开放

地方院校具有很强的区域性特点，其宗旨是培养适应地方经济发展需要，能为本地行业、企业服务的应用型人才。这就要求学校办学能将自身发展与地方经济社会的发展紧密结合，把教学从课堂扩展到课外，从学校延伸到社会。学校可充分利用学校的智力资源服务社会；社会也可为学校提供办学需要的社会资源，实现学校与地方的共荣双赢。

（1）可加强与企业的合作，实现校企结合。

在社会主义市场经济条件下，学校培养的人才最终要落实到企业的实际需要上，只有深入企业，与企业合作，才能准确判断企业的实际需求，也才能对社会经济未来的人才要求变动趋势做出正确的预测。因此学校在人才培养的规格和目标的制定上，可邀请企业人员与高校共同协商，也可让企业参与学校整个培养过程，包括制订培养计划、建设课程体系、确定教学内容、实施培养过程，最后参与制定人才培养质量评价的标准等。

（2）借用社会实践能力强的教师作指导。

地方高校培养的人才是本科应用型人才，而本科应用型人才的基本要求是必须具有出色的实践能力。而我国传统高校的教师大多是从高校到高校的，很少教师具有在企业工作的经历，直接从企业聘请的教师就更少了。因此，培养学生的实践能力，必须与企业紧密合作，单凭高校的师资、设备和环境是无法培养出学生扎实的实践能力的。

（3）应用型人才还必须具有一定的职业精神和职业道德。

在封闭的校园中学习和生活，远离社会和企业，学生难以接触企业文化和职业精神，靠课堂学习难以学会真正的职业道德，这将对他们毕业后融入企业造成障碍。最后，校企合作是应用型高校实现为社会服务职能的重要途径。《国家中长期教育改革和发展规划纲要（2010—2020 年)》要求高等教育应增强社会服务能力，牢固树立主动为社会服务的意识，全方位开展服务。推进产学研用结合，加快科技成果转化，规范校办产业发展。作为应用型高校，应主动服务国家战略要求，特别是主动服务行业企业需求。

3. 引进外智，扩大对外的合作与交流

招收留学生，聘请外教。部分专业课程可使用国外优秀教材，尝试双语教学；积极开展与国外的高校交流，聘请国外知名的优秀学者来校讲学或发挥各自的优势开展合作研究；派学生留学深造。

（三）开放式办学给信息技术环境下地方高校本科教学带来的启发

传统社会由于时空的限制，具有一定的封闭性。信息社会的到来促进了生产要素的流动，正是这种流动加速了社会从封闭走向开放的进程。虚拟时空将现实社会的时空拓展到一个具有开放性的时空，这也给地方高校本科教学带来新的变化和影响，使教学具有更强的开放性。

1. 观念开放

以计算机技术、网络通信技术、人工智能与虚拟现实等新技术为代表的信息技术促进了社会向信息社会转型。网络对教育最大的影响是能够促进教育资源的开放，拓宽学生获取知识的渠道，对知识的学习不再局限于课堂和书本。这一变化必然引发学校教学方式、学习方式的转变，需要改变原有封闭的教育思想观念和教学模式，以开放的观念，紧跟时代步伐，充分利用各种资源，培养学生发现问题、分析问题和解决问题的能力，满足社会发展的需要。

2. 授课内容开放

信息技术拓展了教学时空，使得一些教学活动可以在虚拟环境下进行。教师利用信息技术，充分利用实体课堂和虚拟课堂各自的优势，有效结合，比如把书本上一些学生能够自学的教学内容、相关案例、习题、资料等放在专门的教学网站里，面向全体学生开放，学生则可以根据自己的兴趣、爱好，自主地、有选择地安排好自己的学习进度，采取合适的学习方式等。

3. 授课过程开放

信息技术拓展了教学的时空，使得一些教学活动可以在虚拟空间中开展。它也可以带来教学组织方式的变化，比如教师可以根据教学的需要，在课前预先设置部分教学内容，进行问题引导，让学生在课外时间充分查找资料，如认真研读图书馆资料，学会自主地发现问题。课堂上，教师与学生可以共同分析、探讨和解决教师提出的问题，以及学生自己在学习过程中发现的问题。这种教学方式的转变，一方面可以调动学生自主学习的积极性，激发他们学习的潜能，另一方面可以培养他们提出问题、分析问题、解决问题的能力。这种授课过程开放的教学模式，教师不再仅仅是知识的传授者，而变成学生智慧的引导者。

4. 课前课后沟通开放

信息技术的发展，拓宽了师生沟通交流的渠道，改变了师生交流互动的方式，教师应当利用信息技术给我们交流互动带来的便利，使学生交流、沟通与互动的渠道更加多元。这种方式既可以解决学生的问题，也可以增进师生的情感。

5. 考核开放

传统的教学，在学完一门课程之后，以学期为单位组织考试，多是闭卷的形式。随着信息技术的发展，我们也可以让考核更加开放，可以将相关试题库做成信息化教学考试系统，让学生在学完章、节、单元后，随时利用计算机对学生出题考试，部分题型可以让电脑自动阅卷，学生可以很快知道答题情况，了解自己的知识掌握水平。这种利用计算机分批次开放考核的方式，有利于尽快掌握学生的学习状况，也有利于检查学生对知识的掌握情况，也可以部分减轻教师的阅卷工作量。

二、主体参与式教学

20 世纪 80 年代，把学生作为教学主体的崭新的教育思想在我国开始萌发。它的基本主张是：改变学生现有的地位与现状，充分调动和发挥学生在教学过程中的主观能动性，改进和调整师生关系[①]。但长期以来，在我国的教学活动过程中，学生作为教学活动的主体地位并没有被落实，常

_____

① 王道俊，郭文安．主体教育论［M］．北京：人民教育出版社，2009：1.

常是在被告知、被教导的情况下被迫参与，教学效果不够理想。要想促进学生的全面发展，就必须重视他们在教学中的主体参与地位，这是一种教学理念，下面将对这一问题进行探讨。

（一）主体参与式教学的内涵

在弄清楚主体参与式教学之前，我们先要清楚"主体"和"参与"的概念。这些概念是我们理解主体参与式教学的基础。

1. 主体

主体是相对客体而言的，在教学中，到底谁是主体？国内外学者众说纷纭，有的人认为是教师，有的人认为是学生。本书赞同将学生作为教学的主体，因为学生是学习的直接承担者和当事者，是受教育者，更是学习的主人。参与式教学的核心是发展学生的主体性。这种主体性反映在教育中，作为主体的人，不是消极被动地接受外部的影响，而是能动地反映外部世界[①]。这里的能动性主要表现在两个方面：一是作为主体的人在与客观世界打交道的过程中，不断地了解世界、认识世界，接受客观世界的影响，也可以能动地改造世界，在了解、认识客观世界的过程中，不断改造提升自己，获得自身的发展。二是作为主体的人也能不断地根据自身的知识、经验与条件，对客观世界做出反应，表现出一定的相对独立性。

2. 参与

参与，有人解释为"参加"，将它用于教学，主要包含两层含义：一是指师生以平等的身份参与教学活动；二是作为社会活动的一部分，参与整个社会生活[②]。参与是开展和组织一切教学活动的基础，师生关系是在教学活动过程中形成的。没有师生关系，没有师生参与的教学活动，一切

---

① 杨武. 试论教育中人的主体性与社会制约性关系的层次 [J]. 江苏高教，2001（1）：49.
② 吴也显. 教学论新编 [M]. 北京：教育科学出版社，1991：197.

教育教学都将是抽象的。参与是学生在教学中发展自己、表现自己的一种路径，也是学生的精神需要。

3. 主体参与式教学

有教学就有参与，但参与有主体与非主体、主动与被动之分。主体参与式教学就是使学生在教学中自始至终充当着主人的角色，把教学看作自己的责任，而不仅仅是教师的事。但学生在传统教学中更多的是一种被动的参与，而不是主动的参与。教学主体强调的是学生以个体的身份参与教学活动，不是以集体或小组的形式参与教学活动，凸显个体的主体性是现代教学伦理性与生态性的重要体现。教学的目的就是促进学生的全面发展，现代教学的突出特征就是要"以学生为本，以活动为内容，以参与为中介，以发展为目标"。本书主张利用主体参与的思想去改造传统教学，教学活动是主体参与的基石，自由是主体参与的重要策略，在以知识为本位的教学中往往会把教师的讲授作为主要方式，学生主体参与的机会是非常有限的。为了在教学中体现学生的主体参与，就需要教师确立使学生发展的教学观念与教学策略，在主体教育理念指导下发展有利于学生主体参与的教学。

基于这种认识，本书认为主体参与式教学就是以主体教育思想和理念为指导，通过教师采取各种有效措施，调动学生的学习热情，充分发挥他们的主观能动性，让他们积极投入教学过程，由"不愿学"变为"我要学"，达到促进对知识的掌握、能力的提高、个性得到发展的目的，其核心目标是积极营造良好的教学氛围，培养学生的主体意识和主体精神，使其学会在参与中学习、合作与创新。

（二）主体参与式教学的基本特征

主体参与式教学的基本特征体现在四个方面：生成性、合作性、开放性和整体性。

1. 生成性

所谓生成性，主要是指在教学过程中，在具有一定弹性预设的前提下，让学生积极主动地参与教学，进行自我建构，实现自身内在素质的不断提升，实现个体的发展。人的生命是一个不断生成的过程，在各种各样的活动参与中得到发展。比如，杜威主张的"教育即生活"、赞可夫提出的"发展性教学"、陶行知倡导的"生活即教育"以及现今流行的主体性教育思想，其共同的特征是反对传统教学中的灌输模式，强调学生发展的内在生成性。教学过程中的学生参与是一种生成性的参与。

大学教学可看作一种生命本身的运动，看作学生的一种特殊生活。让学生在生命运动中去参与、体验和感悟，否则，就失去其存在的价值。教育的目的是培养人，追求人的全面和谐发展，丰富和完善人格，凸显个体的主体性。作为一名高校的学生，通过在校教学活动的参与，去体验人类社会的间接经验，在体验中再度发现知识，从而促进学生主体性的发展。

2. 合作性

在教学过程中，有多个主体。合作性，是指多个主体参与教学过程，必然存在一定的交往关系，相互间又具有一定的相互依存性。参与的主体有学生，也有教师。作为个体的学生，既要与同学交往，也要与教师交往；既有个体与个体的交往，也有个体与群体间的交往，又表现出一定的社会性。作为个体的学生，在交往中，只有关系处理恰当，与个体、群体的关系处理得当，个体才能得到发展，否则，个体的发展就会出现障碍。因此，大学主体参与式教学是一种生生间、师生间的具有合作性的学习关系，是一种需要相互尊重、相互理解、相互接纳的友好关系，也具有一定的社会性。正是这种合作性，需要大学教学为学生营造一种轻松、愉快、自由的学习氛围，并在一定集体行为规范的约束下，激发学生的积极性、主动性和创造性，提升自我建构水平，在参与式教学中获得自我发展。

3. 开放性

主体参与式教学也是教学，前面已对教学的开放性进行了阐述，这里的开放性主要是指教学观念、教学目标、教学时空、教学内容、教学考核评价方式等要有一定的开放性，这里不再详细论述。

4. 整体性

在主体参与式教学中，教学应该着眼于学生主体性的建构。这种主体性的建构应该是全面的，不能仅仅进行纯粹知识性的教学，否则，培养的学生可能是片面发展的人。因此，参与式教学强调整体性特征，主要包含三层含义：①主体参与式教学各个教学环节（如教学目标、教学内容、教学评价等）的构建具有整体性。②人才培养目标的整体性不能只强调学生某一方面发展，而是多方面和谐的发展。③参与式教学有关要素的整体性，能保证各学科、课程、教学活动与教学方法之间在实现教学目标上保持内在的联系，整体功能得到最大限度的发挥。

总之，生成性、合作性、开放性和整体性四个特征基本反映了大学参与式教学的实质。其他特征，如全面性、主动性等，都是这四个基本特征的延伸和拓展。

（三）主体参与对信息化教学的启发

信息技术拓展了教学的时空，改变了知识的传播渠道，学生可以从多种渠道获取知识，教师不再是知识的唯一载体；知识更新的速度加快，知识学不完。信息技术引起的这些变化，对学生自主意识的要求进一步提高。在实际教学过程中容易存在的问题是：对人的重视不够[①]。教师在使用信息技术时，有时会过多地注重信息技术如何与学科知识融合，忽视对学生的关注和分析，很容易出现"人灌＋机灌"，将信息技术凌驾于人之

---

① 李敏娇. 走入"深度融合"　注重课堂教学有效性［J］. 中国教育信息化，2013（5）：20.

上的异化现象，这不利于师生之间的情感交流，不能有效激发学生学习的积极性。教师需从人与信息技术、人与教学的关系中去理解信息化教学。

教学是一个选择的过程。我们利用信息技术实施参与式教学，就是根据学生的实际需要和愿望，以主体性为内核，以自觉性、选择性为特征。选择性是学生自主性的表现。信息技术能为我们搭建一个更加开放的可供学生选择的平台，该平台为我们实施主体参与式教学提供了各种可能。具体如图 3 - 1 所示。

看信息化教学是否有效，关键还是看这种教学能否促进人的发展。信息化教学的追求目标不仅是信息呈现的多样化、信息传输的多元性、知识增长的快速性等表面上的效益，更深层次的追求是运用信息技术创设出良好的学习环境，使之有利于学生自主地建构知识体系以及对学生高阶思维能力的培养，这才是信息化教学更深层次的追求。教育的目的在于培养人，是把"自然人"培养成为"社会人"的社会实践活动。正因为教育培养的对象是人，而人又是会思考、有情感、有生命的活生生的个体，因此，只有把学生当成"人"，充分发挥他们的主体性，才能真正实现育人的目的。

教　　　　　　　　　　　　　学

教学目标、内容分类		学习方法表现
主体参与教学价值分析	信息技术支持下的可供学生选择的开放性平台	学习能力表现
教学手段分析		学习行为表现
学生的学习能力分析		自我评价
教学环境分析		

参与准备

研究、决策、设计、提供、组织、参与、合作、促进、激发

教学规范
参与形式
参与内容
参与行为

思考、选择、设计、接纳、组织、参与、合作、交流、保持

参与过程

研究、设计、制订、组织、实施、分析、总结

过程性参与效果
阶段性参与效果
定性评价、定量评价
自评、他评

选择、参与、表现、接纳、反思、对比、小结

参与评价

下一个教学活动　　是　　目标达成　　否　　返回参与准备阶段

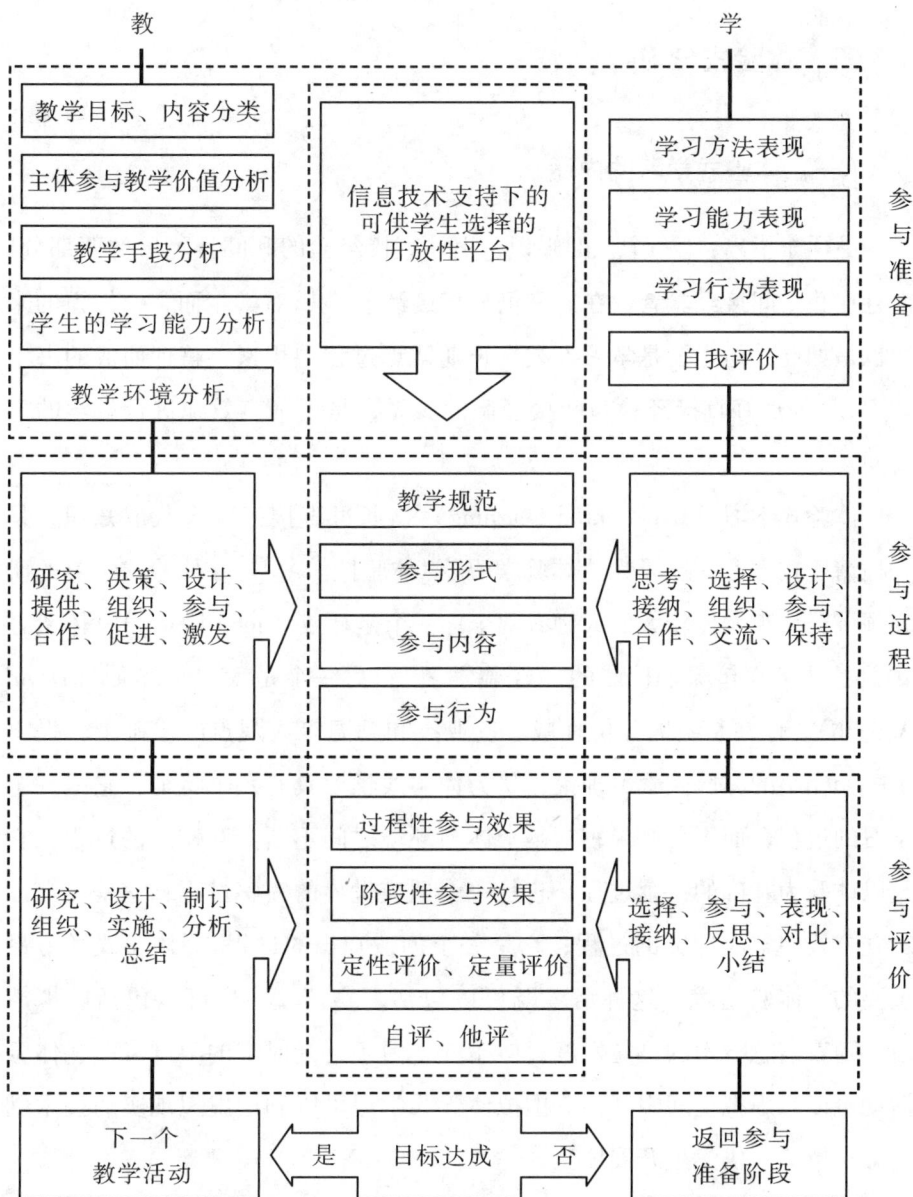

图 3 - 1　信息技术支持下的主体参与式教学

三、体验式学习

（一）体验式学习的内涵

毛泽东指出："一个人的知识，不外直接经验的和间接经验的两部分。而且在我为间接经验者，在人则仍为直接经验。"① 对学生而言，知识的来源也是如此，但主要是学习人类在长期认识过程中积累、整理而成的书本知识。② 处理好直接经验与间接经验的关系，是正确有效地进行教学的重要问题。

体验式学习（Experiential Learning）是通过直接经验来获取知识，是一种情境式学习，也译为"体验学习""体验性学习"。在体验式学习的研究领域公认影响比较大的人物有两个：一个是杜威（John Dewey），体验方式学习研究就起源于杜威的"经验学习"；另一个是大卫·库伯（David A. Kolb）。他在系统地分析杜威、皮亚杰和勒温等人观点的基础上，提出了一套完整的体验式学习理论，认为体验式学习具有六个特征：它是一个学习的过程，而不是结果；它是个体与环境之间不断交互作用的过程；它是以体验为基础的持续过程；它是一个适应世界的完整过程；它是在辩证对立方式中解决冲突的过程；它是一个创造知识的过程③。体验式学习最重要的是体验情境，这种情境既可以包括真实情境，也可以包括虚拟情境。随着信息技术的迅猛发展，体验式学习不再受时空的限制，一些体验活动可以在虚拟空间中展开。虚拟体验式学习可以利用虚拟现实的技术创造虚拟情境，供学生开展体验式学习。

---

① 毛泽东. 毛泽东选集：第 1 卷 [M]. 北京：人民出版社，1991：288.
② 王道俊. 教育学 [M]. 北京：人民教育出版社，2009：200.
③ D. A. 库伯. 体验学习：让体验成为学习和发展的源泉 [M]. 王灿明，朱水萍，译. 上海：华东师范大学出版社，2008：125.

（二）信息技术条件下的体验式学习

体验式学习是一种情境式学习，通过直接经验来获取知识。信息技术的发展使得体验式学习不再受时空的限制，一些体验可在虚拟空间中展开，出现了新的实现形式：虚拟体验式学习。这种虚拟体验式学习表现出一些新的特征：情境的虚拟化、交互的虚拟化和过程的虚拟化。目前，虚拟体验式情境所利用的技术主要是虚拟现实技术。虚拟现实技术是20世纪90年代以来新兴的一种技术，它是利用三维图形、多传感交互、人工智能、高分辨率显示等技术，生成逼真的三维虚拟环境。学习者可以成为这种虚拟情境中的一员，扮演某个角色，比如某个企业的经理、军事指挥官、医生等，进行各种各样的体验式学习。由于在这些虚拟情境中进行体验式学习没有危险，学生可以多次重复体验，直至掌握某种操作技能为止。比如，在外语教学中，我们利用虚拟仿真技术创设某些虚拟国外旅游场景，让学生与他人交谈，既让学生练习口语，又让学生体验某种异国的风情文化。但我们也要认识到虚拟体验式学习毕竟是非现实的，与直接体验式学习相比，存在着一定的缺点与不足。比如，它容易使学习者误认为是游戏而对学习目标不够专注；若学习者长时间沉溺于理想化的虚拟体验之中，很容易形成不敢面对现实的消极避世心态，产生人格的异化等。

总之，信息技术的发展使得体验式学习既可以在现实生活中进行，也可以在虚拟场景中开展。我们既要看到虚拟体验式学习的情境虽是虚拟的，但体验的结果是真实的，也要看到其问题与不足。我们要将二者有机地结合起来，互为补充，使自身不断得到完善和发展。

第二节　提升师生信息素养

随着信息技术的发展，教育信息化正如火如荼地开展，信息技术在教育领域中得到广泛应用，为教育的改革和发展带来了新的机遇，信息化教育改革的成功与否，在很大程度上取决于教师的教学行为能否转变。教师是信息技术在教学中有效应用的具体实施者，是教学的灵魂，如何有效地对教师进行信息技术的培训，促使广大教师在教学中转换角色，广泛、有效地运用信息技术，是当前必须着力研究和解决的问题。否则，即使培训者再辛苦、再努力，也没有多大效果。信息技术要想与地方高校本科教学达到深度融合，教师需要掌握先进的教育思想、教学理论和教学设计方法。由于信息技术渗透到地方高校本科教学系统中去，教师在信息化的教学环境中实施教学将会扮演许多角色，这就需要教师具有一定的教学领导力，提升信息化教学能力，下文将重点对这些问题进行探讨。

一、信息技术环境下教师的角色定位

"角色"一词源于戏剧，本义是指演员所扮演的剧中人物，后来被广泛用于社会学与心理学领域，是指个人在社会群体中的身份以及与其身份相适应的行为规范。目前，通常认为教师的角色概念包括三种含义：教师的角色即教师行为、教师的社会地位、教师的期望①。

信息技术渗透到学校教育后，改变了学生获取知识的途径，教师不再是学生获取知识的唯一来源，不再是知识的权威拥有者和传输者，教师对学生的传导作用被弱化，学生自我学习或小组学习的意愿得到加强。教师的职能由"教"向"导"转变，除传授知识外，还扮演着教学资源的提供者、教学过程的研究者与设计者、学习目标的引导者、学习共同体的构建者等许多重要角色。我们通过对传统的教师角色与信息技术环境下的教师角色进行比较分析后（如表 3 - 1 所示）认为，传统课堂教学中的教师角色比较单一、呆板和缺乏变化，信息技术教学环境下对教师角色提出了更

---

① 孙亚玲. 课堂教学的变革与创新［M］. 广州：广东教育出版社，2006：89.

加多样化的要求。教师的这种角色的转变不是对教师的要求降低，相反要求更高，要求教师不仅精通教学内容，更要合理利用教学资源，注重教学设计，指导促进学生健康发展。

表 3 – 1　传统的教师角色与信息技术教学环境下的教师角色比较

传统的教师角色	信息技术教学环境下的教师角色
教学目标的执行者	学习目标的引导者
知识的垄断者、传授者和权威解释者	知识的共同拥有者、传授者、引导者和学习者
学生学习的控制者	与学生共同探究的合作者，学生创造知识的支持者和鼓励者
教学过程的执行者	教学过程的研究者、设计者、组织者和管理者

二、教师信息化教学领导力的开发

信息技术教学环境下，教师要实现角色的转换将面临许多挑战和问题。教师要完成这些任务，需要具备一定的信息化教学领导力。

(一) 教师信息化教学领导力的内涵

从国内外的研究文献来看，许多学者试图对教师教学领导力做一个清晰的界定，然而确切地说，他们更多的是对教师教学领导力的理解和描述。基于不同的理论基础和视角，学者们对教师领导力见仁见智，观点纷呈。

什么是领导力？美国领导力专家约翰·马克斯韦尔（John C. Maxwell）认为：领导力即影响力。美国学者 Chapman 和 O'Neil 认为，所谓领导力就是一个人影响别人的能力，尤其是要激励别人实现那些极具挑战性的目标[①]。一般来说，领导力是指领导者基于某种职位的权力及其能力对于被

---

① 彭杜宏．大学课堂教与学状况的个案观察报告 [J]．高教探索，2009 (2)：97.

领导者的调控效能。而从现代系统论的视角来说，领导力应是领导者基于某种权力与非权力因素，对被领导者综合作用的过程及其效能。复杂系统中的这种合力既来自相关利益者的共同作用，又来自其权力、能力、动力等多重影响，既包括领导他人与受他人领导，也包括自我领导，形成了相互作用、相互影响的场域与链条。

教学领导力，从传统意义上说，是指负责教学的行政领导的决策执行力，但这一说法忽视了非行政领导的导向性领导力，相关领导者自身的领导力。从现代研究的视角看，教学领导力则是教学活动主体对教学活动施加影响，以使教学活动有效运转进而实现预期目标的一种力量①。这里所指的教学活动主体，主要包括教学活动的管理主体与实施主体。教学活动的管理主体是指教学活动的各级机关与行政部门、相关领导者、校长、教务处长、教研室主任等。教学活动的实施主体主要是教师。教师的教学领导力属于微观层面的教学领导力，是很具体、很直接的教学领导力。

综合上述观点，本书所指的教师信息化教学领导力，是指教师在信息化课堂教学活动中，为了提高整个班级的教学水平与学习水平，通过制定教与学的目标、设计教与学的过程、实施教与学的活动，达到凝聚师生合力、营造良好学习气氛、鼓励学生积极主动参与教与学、促进学生发展、实现学校培养目标的一种能力。

（二）教师信息化课堂教学领导力开发

在信息技术环境下，教师的教学领导力开发，是指在一定教育思想与理论的指导下，依据所授课的班级情况和学校的教学条件，领导所授课的班级构建共同的课程学习愿景、建立学习共同体、实施科学有效的信息化教学、师生共建信息化课程学习资源等（如图3-2所示）。

---

① 韩来敬. 网络环境下的教师领导力研究［J］. 教育与职业，2012（6）：69.

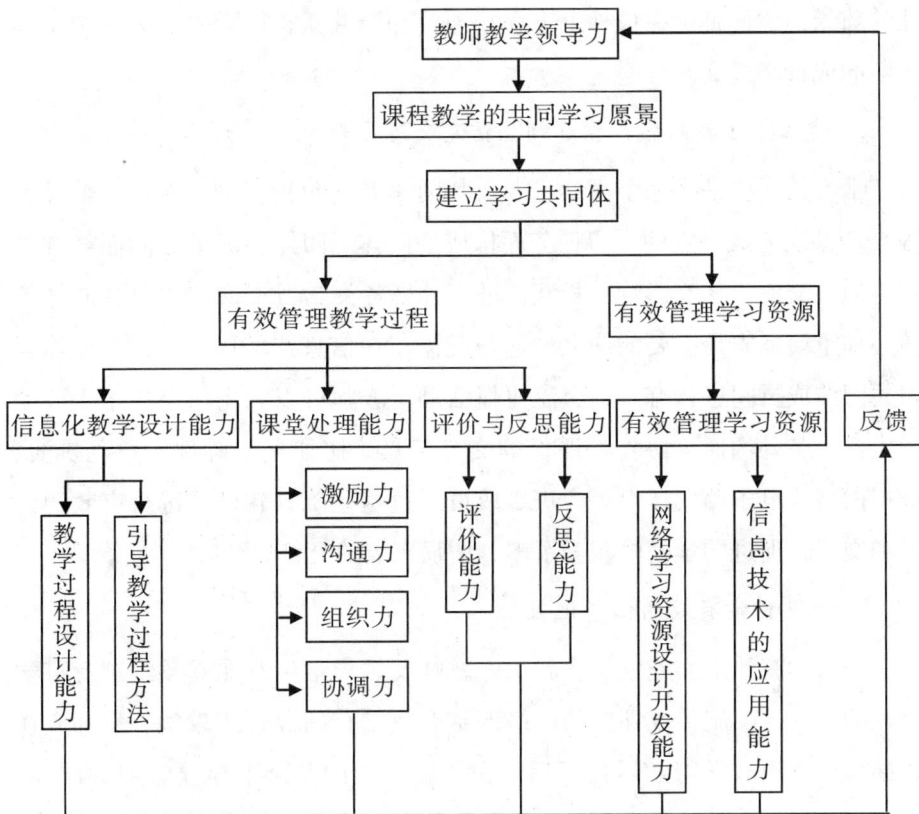

图3-2　教师信息化教学领导力开发结构图

1. 构建共同的课程学习愿景

教师作为课程教学的组织者和设计者，首先应能够领导所要授课的全体学生共同构建课程教学的共同学习愿景。这种共同的课程学习愿景是组织成员所共同持有的意象或景象，是班级全体成员对未来发展方向的一种期望、预测和定位。这种期望、预测和定位既是集体的学习目标，也是个体的学习意愿。[①] 因此，教师构建的共同的课程学习愿景，应是学生所向

———————

① 李冲锋. 教师教学领导力的开发［J］. 当代教育科学，2009（24）：3.

往的前景，能使师生在精神上息息相通、和谐共振，使学生在集体中得到不断的成长和提高。

2. 建立学习共同体，构建师生信息交流平台

学习共同体是指一个由学习者及其助学者（包括教师、专家、辅导者等）为共同完成一定的学习任务而构成的团体。团体各成员之间能经常进行沟通、交流，相互影响、相互促进，分享各类学习资源。学习共同体的核心和重要标志是必要的信息沟通与交流。在信息技术环境下，为保障学习共同体成员间进行有效的交流协作活动，教师可以利用信息技术手段为学生提供各种沟通、协作、评价等交互工具，比如电子邮件、角色扮演、虚拟白板、电子档案袋等等。班级成员通过这些工具软件，进行有效的沟通和交流，促进同学间的相互了解，增强班级的凝聚力。

3. 实施科学有效的信息化教学

为科学有效地实施信息化教学，教师要领导学生对课堂教学进行科学合理的设计，实施传统课堂与网络课堂有效结合的混合式教学。教师应在领导建立课程教学与学习目标后，在了解学生的基础上建立学习共同体，具体实施科学有效的信息化教学。为实施科学有效的信息化教学，保证教师领导力的有效执行，教师应具有良好的教学设计能力、信息技术技能、课堂处理能力（主要包括激励力、沟通力、组织力、协调力等）。

4. 师生共建信息化课程学习资源

现代科技不断发展，世界的信息和知识处于大爆炸状态。在课堂教学上，教师已不能在有限的时间内把所授学科的大量知识传授给学生，需要培养学生转变学习方式，通过利用信息技术等手段去获取知识、处理各种信息，实现自我学习、自我教育。教师的领导力体现在如何领导学生共同设计与开发网络教学资源。教师备课就是"备过程、备资源"，其中备资源就是给学生准备学习资源。这些学习资源既可以由教师提供，也可以由学生提供，只要将这些学习资源进行有效整合，构建一个开放的、可供学

生选择的学习环境，教师就可利用该平台，依据不同学生的学习需求，选择提供不同的学习资源，既保证资源的有效性，也保证教学的功效。

信息技术条件下的教师角色发生了很大的变化，为科学实施信息化课堂教学，达到最优化的教学效果，广大教师需要转变教学思想、教学观念，增强教学领导力，带领学生构建共同的课程学习愿景，建立良好的学习共同体，调动学生参与教学，共建有效的信息化学习资源。同时，教师实施教学领导力的过程中，也受到学校教学体制、教学条件等方面的限制。因此，信息技术条件下提升教师领导力，实施信息化教学改革，是一项复杂的系统工程，这有赖于广大教师领导力的培养、师生对信息技术应用于课堂教学的认识、师生信息技术能力的提高、学校相关教学条件的配置。当信息技术有效融入学校教学体系时，信息技术将对学校教学的整体变革产生影响，满足更多学生个性化培养的需求。

三、教师信息化教学能力的提升

信息技术的发展对高等教育提出了新的、更高的要求。在高校教育技术领域，先进的理论和设备与应用培训滞后之间的矛盾日益突出，也日益引起人们的关注。不少教师由于没有受过教育技术训练，不知道怎样进行教学设计、如何正确运用先进的教学手段。笔者所在的广东财经大学为深化教学改革，提高教学质量，开展了基于任务驱动的高校教师信息化教学能力培训的研究与探索。

（一）培训的理论基础

1. 成人学习理论

对高校的教师进行信息技术培训，需要明确几个问题：教师为什么要参与信息技术的培训活动？在培训活动的过程中主要学习什么？如何监控他们的学习过程？将会达到怎样的学习效果？如何对他们的学习进行评价？培训的内容又如何与他们的实际工作有机结合？这些问题都需要根据自己的经验做出判断。美国心理学家科尔布的成人经验培训圈理论对我们有一定启发。他认为，对成人的培训要想取得好的效果，需要结合受训人员的自身经验，在这个基础上，一般经历以下四个阶段（如图 3 - 3 所示），这种情况也适用于对教师的信息技术的培训①。

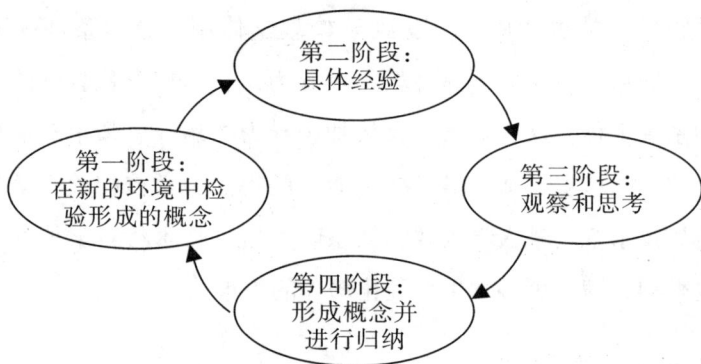

图 3 - 3　科尔布的成人经验培训圈理论

第一阶段：教师在教学过程中，遇到了一些实际问题，希望通过培训获得一些新的知识和经验。

第二阶段：教师多角度观察和思考这些新的知识和经验。

第三阶段：教师通过观察与思考，结合自己的实际形成新的概念，构建新的理论体系。

第四阶段：教师运用这些新的理论，开始在自己的教学过程中做出一定的决策并形成解决具体问题的办法。

科尔布的成人经验培训圈理论对我们开展信息技术培训的借鉴意义在于：对教师开展的信息技术培训是一个理论与实践相结合的培训，既要注

---

① 顾小清．面向信息化的教师专业发展——行动学习的实践视角 ［M］．北京：教育科学出版社，2006：130.

重理论知识，也要注重教师的实际工作经验与教训，能很好地吸收新经验与新知识，形成新的见解，并在实际工作中有效运用，解决教学实践中的问题。

2. 任务驱动理论

任务驱动是一种教学策略，是以建构主义教学理论为基础，巧妙地将教学内容设计在具体的任务之中，让学习者通过完成一个个具体任务的方式理解学习内容，领会核心思想。在培训过程中，学习者能完成一个个具体的任务，通过一个个具体任务的完成，使学习者学会发现问题、思考问题并寻找解决问题的方法。就信息技术的培训而言，培训教师能够了解教师的实际教学需求，从学科教学内容出发，设计出合适的任务①。否则，不能引起受训者的兴趣，也无法提高受训者的实际能力，更不能解决受训者的实际问题。

3. 经验学习循环理论

学习是一个不断反复的过程。体验，是对行动的观察和对经验的反思，进而产生新的理解，形成新的行动计划，引起新的行动，直到问题得到解决，随着时间的推移，学习得以完成。佩德勒等人将这一循环做了进一步的阐释②（如图 3-4 所示）。

---

① 汪逸新. 积木模式——基于任务驱动的教育技术培训方法探微 [J]. 现代远程教育研究，2007（3）：87.
② 伊恩·麦吉尔，利兹·贝蒂. 行动学习法 [M]. 中国高级人事管理官员培训中心，译. 北京：华夏出版社，2002：19.

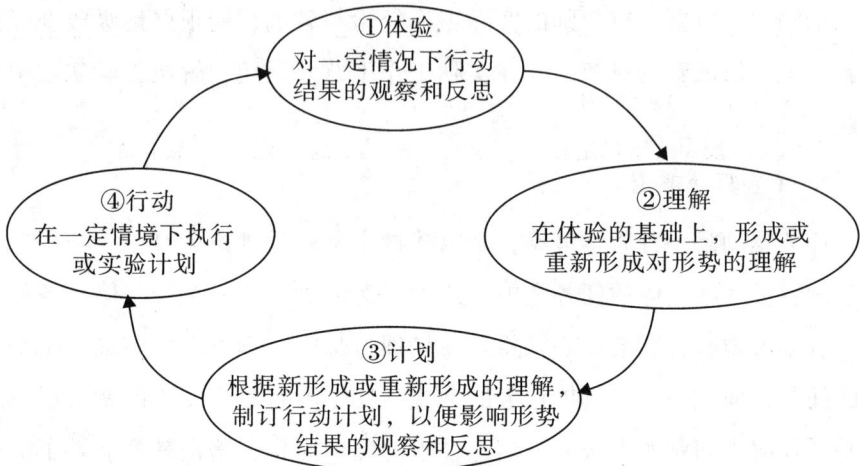

①体验
对一定情况下行动结果的观察和反思

②理解
在体验的基础上，形成或重新形成对形势的理解

③计划
根据新形成或重新形成的理解，制订行动计划，以便影响形势结果的观察和反思

④行动
在一定情境下执行或实验计划

图 3 - 4　佩德勒的经验学习循环理论

（二）培训的实施过程

根据上述理论，广东财经大学结合实际情况开展了基于任务驱动的教师教育技术培训的研究与探索。整个培训过程坚持"以任务为驱动，学用结合，以用带学，以评促用，解决教学中的实际问题"的原则，采取"在专题培训和集中交流中解决普遍问题，在检查指导中解决个性化问题，在建设应用中解决实际问题"的培训策略，按照"信息技术＋学科内容＋实际问题＋自主探索＋专家引导＝具体学科任务驱动的教师培训"的方式进行培训，对教师达到"强化教学设计的理念、提高教育技术应用能力、促进信息技术在课堂教学中的有效应用、强化教学互动"的目的。整个培训实施过程如表 3 - 2 所示：

表 3 - 2　基于任务驱动的教师信息技术培训流程

培训阶段	需完成的任务
前期准备阶段	①前期调研 ②确定真实的任务，制定任务的规范、标准和要求 ③任务申请，确定培训对象
导入性培训阶段	①必要的培训动员 ②培训任务的规范、标准和要求 ③受训教师按照该规范、标准与要求去完成任务
检查与评价阶段	①任务中期检查 该阶段成立由学科专家、教育技术专家、教学经验丰富的教师等组成的专家组，让每位接受任务的教师逐一对任务实施情况进行汇报，然后由专家组通过对话的方式对参与培训的教师运用教育技术进行教学的基本行为进行集体会诊，并让任务完成较好的教师集中进行经验介绍。同时，对任务执行过程中不妥的地方给予合理的评价，任务完成不好的，要求进一步修改完善，直至符合要求。 ②投入教学使用与任务结项 受训教师将自己的资源投入教学使用，进一步修改完善自己的任务，并接受任务的结项检查，直至通过。
成果推广阶段	将通过结项的任务形成成果，正式投入教学使用

1. 前期调研，了解存在的问题

为做好教师的教育技术培训工作，我们通过借鉴其他学校、机构的培训经验和对广东财经大学教师进行的调研，发现目前高校教师教育技术培训普遍存在以下几个问题：

（1）重技术，轻理念。"以现代教育教学理念武装教师"这一培训主题不被受训者重视，学校优质资源共享的意识淡薄。在培训中，许多教师热衷于学习掌握计算机、网络技术，而对比较枯燥的现代教育教学理论和教学设计的原理难以接受或提不起兴趣。

（2）重学习，轻应用。俗话说："拳不离手，曲不离口。"不少教师在学习教育技术时非常努力，但由于主观或客观原因，没有将学到的技能与理念应用到教学中，久而久之，掌握的技能很快生疏，要让信息技术为教学服务更是无从谈起。

（3）培训方式过于整齐划一。教学一线的教师大多比较欢迎信息技术培训，但在运作方式上采用团体推进、整齐划一的运作模式，难以激发学习者的兴趣，不能满足受训者的需求。

（4）重眼前，轻规划。由于领导重视，许多学校把教师教育技术培训提上议事日程，但由于没有长期的培训计划，缺乏针对性、系统性，严重影响培训的效果。

2. 统一思想，明确真实的任务

校领导、教务处、人事处等相关部门协商，计划建设500门信息化课程资源，确定重点建设受益面大的公共必修课、专业基础课、专业必修课，这些课程要求必须建设有相应的网络辅助教学课程，所有建设任务以项目的形式进行，对每门课程给予一定的经费支持，对于同一门课程有几位教师的，形成学习小组共同建设。凡是参加项目的人员都必须参加相关的培训。这样，统一了建设的基本思想，明确了具体的真实的任务和培训的对象。

3. 选择开发平台，制定建设规范、标准与要求，明确具体任务

经过调研，结合学校的实际情况，选用功能强大、简单实用、具有可持续发展特点的 Blackboard 开发平台，制定相应建设的技术规范与标准。本阶段培训是整个培训的入口。在该阶段，首先对培训对象统一讲解以课程为单位的资源建设规范、标准与要求，讲解开发平台的基本技术、根本方法与常规技巧，然后由参训教师应用开发平台完成具体的建设任务，遇到问题时提供现场、电话、网络等形式的个别辅导。

4. 中期检查，专家引导，总结交流，评价与反馈

评价与反馈是教育技术培训最容易忽视的一个环节。检查的目的是让培训教师在行动中学习，在行动中反思。在实际操作过程中，我们成立由学科专家、教育技术专家、教学经验丰富的教师等组成的专家组，让每位接受任务的教师逐一对任务实施情况进行汇报，然后由专家组通过对话的方式对参与培训的教师运用教育技术进行教学的基本行为进行集体会诊。通过集体会诊发现任务完成较好的教师并集中进行经验介绍。同时对任务执行过程中不妥的地方给予合理的评价与反馈，任务完成不好的，要求进一步修改完善，直至符合要求。这样，通过培训者与教师之间、教师与教师之间的交流，培训教师对自己的行动、教学行为进行的反思，让未经内化的理论逐渐转化为教师的实际教学能力。这时的培训者不再是单一的说教者，而是教师的指导者、启发者、帮助者。

5. 总结性评价，在教学中应用，结项检查，形成成果

每门课程的建设过程至少历时一个学期，通过这种方式，参训教师在行动的任务中和教学中应用，并经过专家的检查、评价、反馈，形成可投入教学使用的教学资源。

（三）教育技术培训的几点思考

经过几年的实践，我们采用这种培训方式，对学校教师和管理服务人员中87%的人员进行了培训，激发了教师学习教育技术的意识，提升了教师的现代教育教学理念、教育技术能力和教学设计意识，使之初步形成了应用现代教育技术的主动性和自觉性。采用该种培训方式，我们逐渐认识到：

1. 培训必须解决教师教学中的实际问题

通过信息技术培训的实践，我们发现对教师的信息技术培训，不应以知识为核心，而应以任务的活动过程为主线，以资源的利用为特色。许多教师在参加信息技术培训之前，都有一定的教学实践经验，他们带着教学

实践中的问题来参加培训，有具体任务和预期目标，就是期望把信息技术与自己的学科教学内容有效结合，达到新的层次与高度。因此，对教师信息技术的培训过程实际上就是一个教师、培训伙伴与培训指导者组合，用信息技术解决学科教学实际问题的行动研究过程。这个过程不能纯粹以技术为中心，而要把培训的重点放在完成信息技术与参训教师的学科领域的结合上，在任务执行过程中学习技术。在任务和兴趣的驱动下，参训教师通过完成任务，解决自身教学中的实际问题，逐渐理解信息技术的基本理念和掌握基本技能，提高信息素养。这种在有交流协作与指导的前提下，以教师本身教学问题为中心的任务驱动训练方式大大提高了参训教师的培训兴趣与实践能力。

2. 培训中要强调教师的反思，注重专家的引导

现代教师专业发展研究认为，经验加反思是教师专业成长最有效的途径之一。在教师培训中，需要促进教师在已有经验基础上的主动建构。在实际培训过程中，我们成立由学科专家、教育技术专家、教学经验丰富的教师等组成的专家组，让每位接受任务的教师逐一对任务实施情况进行汇报，然后由专家组通过对话的方式对培训教师运用教育技术进行教学的基本行为进行集体会诊。通过培训者与教师之间的学习、交流、启发，以及教师对自己的行动进行反思，再通过经验交流会上成果突出的教师介绍经验，对参训者进一步进行指导、启发和帮助，未经内化的理论得以逐渐转化为实际教学能力。

3. 教师培训要重视教师自身的经验和教师之间的"合作学习"

现代教师专业发展研究表明，教师个人成长经验对于教师教学理论的建构十分重要，强调教师自身是最好的专业成长资源。每个教师都有一定的教育教学实践经验、特定的思维方式与学习习惯，这些都将成为培训中的重要资源。对教师进行信息技术培训，必须充分重视教师自身的教学经验。从培训之初，就需要指导教师从自身的经验、专业出发，反思自己的

教学行为，提出待解决的实际问题。而且在培训过程中，还需要重视培训者与教师之间的学习、交流、启发。

4. 以任务为驱动，重视教师能力的培养

现代教育对高校教师的素质提出了更高的要求，渊博的专业知识、广阔的文化视野、前瞻的教学理念、先进的教学方法以及较强的教研能力缺一不可，教师自身能力的提高是实现教育信息化、促进教学改革的关键。在教学信息化建设过程中，要带动教师广泛参与，坚持"授之以渔"的观念，通过制定项目规范、实施培训与指导，让教师在信息化项目的参与、制作、应用与研究过程中，得到专业素养、教育素养与信息素养的全面提高。同时，使教师在项目实施与亲身实践中，认识传统教育的不足以及现代学习理论的优势，体会教学改革的效果，认识教学改革的重要性和必要性，提高教改实践与研究的积极性。

总之，对高校教师进行信息技术培训不是一蹴而就的事，应系统地、发展地看待教师的信息技术培训，注重解决教师在教学实际工作中遇到的问题，重视给教师更多的支持，重在发挥教师自身的积极性、主动性、创造性。作为从事信息技术培训的工作者，需要把"培训"看成"发展"，看成为广大教师将信息技术应用于学科教学中促进教学模式变革和教学效率提高而提供的一系列服务①。

第三节　构建信息化教学管理体系

以信息技术为代表的各种新技术、新发明迅猛发展、层出不穷，渗透到人类生活的各个领域，改变着人类的生存状态②，使人类游离于现实与

---

① 王忠政. 高校教师教育技术培训的探索与实践［J］. 中国电化教育，2009（12）：14.
② 叶澜，等. 全球化、信息化背景下的中国基础教育改革研究报告集［M］. 上海：华东师范大学出版社，2004：13.

虚拟两种世界①。这些新技术（比如云计算、移动技术、虚拟现实技术等）作为一种新的教学手段被引入高校课堂教学，扩大了教学的时空，改变了师生的工作方式，丰富了教学资源，逐渐成为课堂教学改革中较为显著与活跃的变革要素，并使课堂教学的内涵发生了变化，国内外学者纷纷对其在课堂教学中的应用进行研究与实践，形成了一些新的教学方法、教学模式和教学形式。这些变化必将对原有的教学管理产生新的影响，需要新的管理体系与之相适应。下面我们将对构建信息化教学管理体系的必要性、构成要素、体制机制等方面的问题进行探索。

一、构建信息化教学管理体系的必要性

信息技术与地方高校本科教学欲达到深度的融合，制约其进一步建设发展的瓶颈在哪里？关于这个问题，存在着各种不同的看法。有人认为是资金短缺，有人认为是人才的短缺。这些看法都有一定的道理。资金、人才的缺乏不能满足高校信息化教学快速发展的需要，这是一个普遍存在的客观事实，即使在美国等西方经济发达国家也不例外。但是，实事求是地讲，近些年来我国在高校信息化教学上的人力、财力投入已经下了很大的力气，比如校园网络的建设、质量工程中与信息化教学相关的项目建设等。对于中国这样一个发展中的大国，不可能一夜之间把对于高校信息化教学建设的经济支持力度提高到理想的水平②。作为地方高校，我们应结合学校的实际情况和已有的条件，在争取更多资金的同时，使有限的资金和专业技术人才发挥出更大的效益。

目前，一部分高校对信息化教学仍存在认识上的偏差，将信息化教学仅仅看作单纯技术部门的工作，甚至有的人认为信息化教学工作就是抓好校园网络建设。当然，还有些高校在信息化教学建设过程中遇到了许多意想不到

---

①　张立新. 两种世界　两个课堂——信息社会中的教育 [J]. 中国电化教育，2009 (6)：7.
②　安宝生. 我国高校信息化体系的四大支柱 [J]. 教育研究，2004 (2)：65.

的困难和问题，或在执行过程中与现有体制机制发生冲突，进而对信息化教学产生抵触情绪。这些情况的普遍存在，严重地阻碍着高校信息化教学的进一步发展。"三分技术、七分管理"，尽管我国高校在信息化教学建设过程中存在着资金和人才短缺的问题，但制约高校信息化教学发展的瓶颈还是在于管理。国内学者纷纷从不同的角度对信息化教学中的管理问题进行探讨。如安宝生教授提出我国高校信息化体系的四大支柱①，李美凤提出技术对教师发展的作用机制②，张学波提出网络教育优质资源共建共享机制③，齐媛提出促进知识分享的教师合作机制④等，这些研究更多地侧重于关注信息化教学管理中遇到的局部问题，没有构建起与信息化教学发展相适应的管理体系，没有明晰的信息化教学决策框架、评价体系和一套信息化教学可持续发展的体制机制等。教育现象一般是由活动、体制、机制和观念等几个基本范畴构成的⑤。信息化教学管理属于教育现象的范畴，基于这种认识，笔者从信息化教学管理活动、信息化教学体制、信息化教学机制和信息化教学管理观四个方面对高校信息化教学管理体系进行构建。

二、信息化教学管理活动的范围

在高校教学中应用信息技术，其目的就是提高教学效率、提升教学效果、提升人才培养质量。当我们分析信息技术在高校教学中应用的管理活动时，既要看到事实活动层面的要素，也要看到价值活动层面的要素⑥。只有从这两个层面来分析信息化教学管理活动的要素，才能做到全面而且系统。

---

① 安宝生．我国高校信息化体系的四大支柱［J］．教育研究，2004（2）：65.
② 李美凤．教师与技术的关系再论：技术对教师发展的作用机制［J］．中国电化教育，2012（1）：7－12.
③ 张学波．建立网络教育优质资源共享机制的探讨［J］．中国电化教育，2004（5）：69.
④ 齐媛．促进知识分享的教师合作机制探究［J］．现代教育技术，2009（4）：59.
⑤ 孙绵涛．教育现象的基本范畴研究［J］．教育研究，2014（9）：147.
⑥ 孙绵涛．教育管理学［M］．北京：人民教育出版社，2008：145.

（一）信息化教学管理活动事实层面的要素

信息化教学管理活动事实层面的要素主要是指与信息化教学管理实践活动直接相关的、活动中客观存在的那些要素。一般来说，信息化教学管理活动事实层面的要素主要包括人的要素、资源和管理要素、过程要素、环境要素、活动方法要素和艺术要素等。其中，人的要素是指信息化教学的管理者和被管理者；资源和管理要素是指为保证信息化教学的顺利开展，涉及的人、财、物、信息和时空等资源，以及如何对这些资源进行开发和管理；过程要素是指对信息化教学管理活动的计划、实施、评价和反馈总结等；环境要素是指在开展信息化教学管理活动中涉及的软硬件环境、制度环境和观念环境等；活动方法要素是指为完成信息化教学管理任务所采用的措施和手段；而艺术要素是指给人以美的享受的管理技能等。

（二）信息化教学管理活动价值层面的要素

信息化教学管理活动价值层面的要素，是指人们以自己的价值观认识信息化教学管理活动，并对这些认识进行理论概括所形成的那些管理理念的要素。信息化教学管理活动价值层面的要素，主要是由信息化教学管理活动的本质、职能、效能、原理和原则等组成的。然而，人们既然以自身的价值观来认识信息化教学管理活动，就不仅要关注教育管理活动，还要关注人自身。对信息化教学进行管理的目的就是促进人的发展，因此没有人就没有信息化教学管理活动。

（三）信息化教学管理活动的范围

通过上面对信息化教学管理活动的分析，我们可以看出信息技术要在教学中得到广泛应用，需要对原有教学管理的对象、手段进行重新认识，需要新的教学思想、教学方法与之相适应。信息化教学的管理对象比较明确，就是信息化教学，信息化教学是指在信息技术支持下教师教和学生学的活动。为保障这种活动的开展，需要对信息化教学事实层面的要素进行管理，需要有计划、有组织地进行信息化教学的环境建设、信息化教学资源的开发，升级改造原有的教学方法，构建新型的信息化教学模式，而这些工作都是在传统教学管理中遇不到的。这就需要将这些新出现的教学活动纳入原有的教学管理中，形成新的教学管理。

信息化教学管理是在新技术、新思想指导下的管理，其突出的特点就是信息化。从教学思想方面看，信息化教学管理需要将师生信息素养的提升、教学理念的创新、教学方法和教学模式的创新纳入管理计划；从教学过程管理看，信息化教学管理需要将校园网络建设、多媒体教室、计算机机房等信息化硬件资源的建设，网络教学资源平台的开发或引进，教学资源的建设，教务管理信息系统等纳入管理的范畴；从教学质量管理的视角看，由于评价的对象发生了改变，信息化教学管理的评价理念、评价方法等也应进行相应转变。因此，与传统教学管理相比，信息化教学管理在管理内容、管理手段方面发生了较为明显的变化。这就需要我们转变教学思想与观念，改革完善常规教学管理过程，改变传统的教学评价与考核方式，而且必须规划建设传统教学管理中没有出现过的信息化软硬件设施、师生的信息素养的提升等。

三、信息化教学体制的构建

为保证信息化教学活动顺利而有序地开展，人们需要建立与信息化教学管理活动相适应的组织机构，制定相应的管理规范，这就形成了与信息化教学管理活动有关同时又居于信息化教学管理活动之上的信息化教学体制。教育体制是教育机构与教育规范的统一体，包括教育行政体制和学校管理体制。信息化教学体制属于学校管理体制的一部分，是信息化教学组织机构和信息化教学管理规范的结合体。

（一）信息化教学管理的组织机构

一所高校要推进信息化教学，需要建立完善的、强有力的组织机构作为保障。这个组织机构一般要具有一定的整体性、权威性和明确的专业化分工。这个组织机构主要包括信息化教学领导小组、信息化教学工作办公室和信息化教学技术支撑服务单位等（如图 3-5 所示）。其中信息化教学领导小组是信息化教学建设的最高决策机构，校长或主管信息化教学建设的副校长是这个领导小组的主要负责人。信息化教学工作办公室是领导小组下设的执行机构，其主要任务是为信息化教学领导小组提供必要的决策支持。各信息化教学技术支撑服务单位接受信息化教学工作办公室的协调和领导。

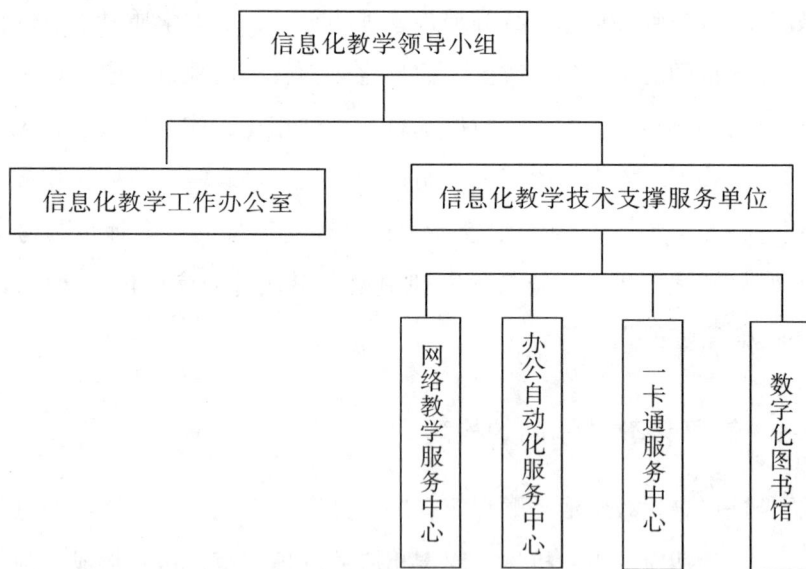

图 3-5　信息化教学组织机构

（二）信息化教学的管理规范

高校应明确信息化教学的定位，并能在学校有关政策体系中适当体现。信息化教学的管理规范，从内容上看主要包括机构的规范、工作的规范和人的规范。机构的规范指的是规定建立信息化教学管理机构的性质、职责权限等方面的制度。工作的规范指的是对信息化教学机构所承担的各方面工作要求所制定的制度，比如利于信息化教学涉及的软硬件资源的建设；从长远的发展需要出发，利于实现资源共享，全校范围内建设的统一的技术规范和标准。人的规范指的是对负责各种信息化教学管理工作人员的岗位职责等所制定的制度。

四、信息化教学机制的建设

机制是将事物或现象的各个部分连接起来使之发挥作用的方式，体制是机构和规范的统一体，二者有本质区别，不能等同。机制是随着活动的产生而产生的。一般来说，有了活动，就有了将活动的各个部分联系起来从而使活动得以运行的机制。机制有两种：一种是与活动同时产生的机制；一种是与体制同时产生的机制。我们把前一种机制叫非规范性的机制，而把后一种机制叫规范性的机制。本书中的机制指的是规范性的机制。

信息化教学机制是高校信息化教学建设的重要内容，但并不是在信息化教学一开始就会触及机制层面的建设，只有当信息技术在高校教学中的应用和服务覆盖了教学的各个方面，对教学的过程起主导作用，原有旧的机制架构对信息化教学的进一步发展具有一定局限和制约时，就需要改变原有的机制以适应信息化教学进一步发展的需要。高校信息化教学机制是信息技术和高等学校教学理念的共同承载体。信息技术通过对高校教学手段的改变，构建起体现信息化教学需要的组织架构及其运行机制体系，引导利于信息技术价值与作用的发挥，最终目标是实现人的自由和全面发展。

笔者认为，高校信息化教学机制主要包括教学管理机制、运行机制、评价与考核机制这三个方面（如图 3-6 所示）。教学管理机制主要是根据一定的制度和原则而形成的安全有序的信息化组织管理层次；运行机制是在这一管理构架下搭建起的具有统一标准规范的信息运行平台和安全保障支撑服务体系；评价与考核机制是在整个管理和运行过程中建立起来的一套完备的考核和评价激励措施。这三个层面的机制有机结合、相辅相成，就形成了完备的信息化教学机制。

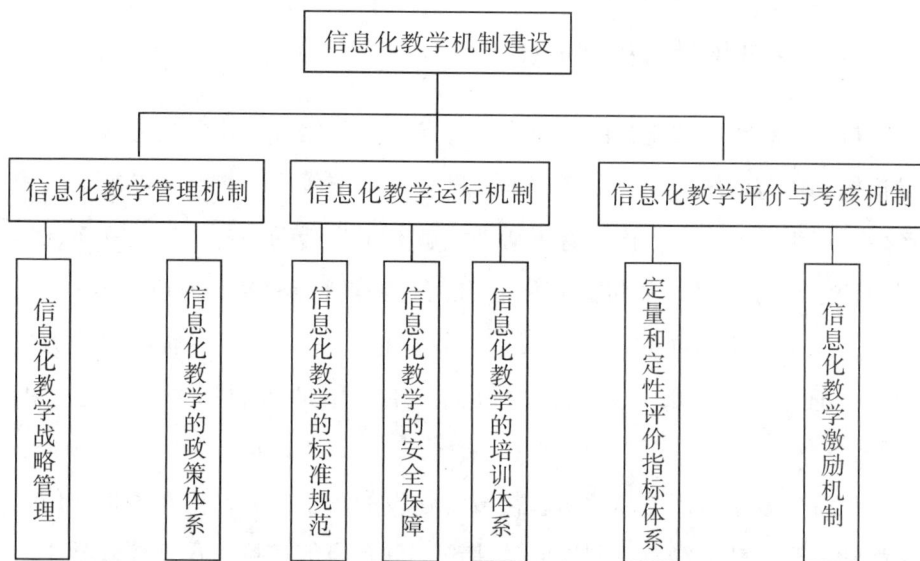

图 3-6　信息化教学机制建设结构

（一）管理机制建设

当信息技术在高校的教学中得到深度运用时，就需要建立相应的管理机制与之相适应，将信息技术对高等教学的发展由技术推动转变为管理推动。这包括：①信息化教学战略管理问题。信息化教学要想在学校教学中得到很好的应用，将涉及学校的方方面面，从观念到模式，从学校组织变革到教师观念与知识结构的调整，乃至核心竞争力的形成，都将受到全面的冲击。这就需要我们结合学校的实际，从战略角度对信息化教学做长远的、整体的规划。这种规划是学校的内在需求，不是外力强加的。只有认真地思考和具体分析自身的实际，学校的信息化战略才能避免流于形式，真正成为一个行动纲领，对学校的信息化教学建设工作真正发挥指导作用。②信息化教学的政策体系研究与制定。学校信息化教学是一项需要持续高投入的事业，需要研究与制定符合学校实际的可持续发展机制，否则，有再多的启动资金，也只能是虎头蛇尾。因此，在战略管理机制建设的同时，需在政策上研究和制定信息化教学的可持续发展机制，保证信息化教学的稳定性和连续性。

（二）运行机制建设

当信息化教学基础设施、管理机制构建完成后，确保信息教学资源安全、顺畅地运行成为信息化教学管理建设的重点。这主要涉及人员培训、规范标准和支撑服务体系等方面。

首先，规范标准的教学信息资源。要确保高校各种信息化教学资源合理、顺畅地运行，就必须建立起信息化教学资源规范与标准。学校的信息化教学资源的主要来源包括购置引进的教学资源、师生结合学校的实际自己建设的信息化教学资源等。目前，学校信息化教学资源建设存在教学资源的质量方面的问题（如资源原创性不足、资源内容时效性不强、资源的媒体表现不适当）、资源建设的标准规范问题、资源可持续发展机制问题。在应用国内外教学资源标准方面，学校应注意：①在资源建设过程中形成规范的资源建设流程，以保证资源建设始终统一进行；②严格按照标准对资源基本格式和属性描述的要求，筛选、加工资源和对资源进行属性描述；③应用现有标准化的资源开发工具进行资源制作。

其次，信息化教学技术支撑服务体系。学校信息化教学技术支撑服务体系主要包括两个方面：一个是基础设施层，一个是教学应用层。基础设施层主要指软硬件基础设施的建设，包括校园网、计算机教室、多媒体教室等对学校信息化教学整体发挥重要影响作用的设施。软件资源主要包括学校信息规范和标准，以及在此基础上用于数字化教学的网络教学平台和教学管理的数据仓库。教学应用层主要指基于校园网络的各种教学应用，如教务管理信息系统、各类网络教学资源、网上虚拟教研中心等。

最后，学校信息化教学培训体系。师生是信息化教学的主要使用者。技术的使用对师生有一定的要求。这样就需要建立一个信息化培训体系，以利于信息化教学的顺利开展，也利于学校内部构建一个良好的信息化政策环境和人文环境。

（三）评价与考核机制建设

当信息化教学在学校教学中得到有效发展时，高校需要建立一套适合本校发展需要的科学合理的评价与考核机制。通过评价与考核机制建设，适时对本校信息化教学实施过程进行评价与考核，及时发现并查找信息化教学过程中存在的问题，为学校信息化教学的进一步发展提供科学的决策依据，也可借助评估强有力地推动高校信息化教学在基础设施，资源的开发、管理与利用，信息化人才培养等方面的建设，保障学校信息化教学工作的可持续发展。

五、信息化教学管理观的建立

教育是培养人的社会活动。凡是有教育的地方就有管理。从以往的研究看，人们对信息化教学的方法、模式等研究比较多，但对信息化教学管理观的研究比较少。这种现象不利于全面、科学地认识信息化教学，也不利于提高信息化教学的理论水平。从观念层面看，信息化教学管理观是整个教学观的一种，是教学思想的一种表现形态。这种表现形态是人们在实践的基础上通过理性认识而获得的。因此，笔者认为信息化教学管理观就是人们在信息化教学实践的基础上对信息化教学管理的一种系统的理性认识。这种理性认识，主要包括信息化教学管理的本质观、价值观、实践观和质量观。信息化教学管理本质观是对信息化教学管理是什么的认识；信息化教学管理价值观是对信息化教学管理作用的认识；信息化教学管理实践观是对怎样发挥信息化教学管理作用的认识；信息化教学管理质量观是对信息化教学管理作用结果的认识。一般来说，有什么样的信息化教学管理本质观，就有什么样的信息化教学管理价值观，从而也就有什么样的信息化教学管理实践观和信息化教学管理质量观。

就信息化教学管理观的类型而言，有主体的信息化教学管理观和从属的信息化教学管理观，这两种信息化教学管理观是相互对立、相互影响的。从属的信息化教学管理观又分为从属社会的信息化教学管理观和从属个体的信息化教学管理观。若一所学校注重教育的社会属性，认为教育管理的目的就是把受教育者培养成为一定社会政治经济服务的驯服工具，那么，其信息化教学管理观也就从属于社会；若一所学校认为教育是促进个人自由自在的发展，那么，其信息化教学管理观就从属于个体。前者注重强调严格管理，忽视施教者的创造性和受教育者的主动性；后者注重个人的发展，忽视教学为经济社会发展服务的一面。因此，这两种信息化教学管理观存在一定的片面性。主体的信息化教学管理观是一种把受教育者培养成信息化教学活动主体和社会生活主体的教学观。判断信息化教学管理观是否有效，就是要看这种信息化教学管理观能否调动人的积极性，促进学生个体的发展，提高绩效，提升人才培养质量。主体的信息化教学管理观，不仅能把受教育者作为教学的主体，营造一种开放、轻松、愉快的育人环境，充分调动并发挥受教育者的积极性、主动性和能动性，而且将管理者、施教者作为教学的主体，使信息化教学活动更有生命力。因此，在信息化教学管理过程中，笔者倡导实施主体的信息化教学管理观。

总之，信息技术作为一种新的技术手段进入原有的教学系统，必将对原有的教育思想与理念、教学方法、教学模式、教学资源的配置等产生冲击，引起高校教学在许多方面发生变化。这种变化不是物理变化，而是化学变化，是信息技术与教学内容、教学方法等相关教学要素进行流程再造与重塑直至深度融合的过程。在这个过程中，必然会面临许多新的问题和需求，并与原有教学管理体系发生冲突，这就需要我们对原有教学管理体系中哪些是合理的、进步的，哪些是不合理的、落后的做出判断，用科学发展的眼光探索信息化教学管理的新规律、新思路。本书力求从教育现象学的视角，从信息化教学管理活动、信息化教学体制、信息化教学机制和信息化教学管理观四个方面来构建信息化教学管理体系，以适应信息化教学发展的新要求。但在实践过程中难免存在问题与不足，笔者将进一步探索和完善。

第四节　实施信息技术支持下的有效教学

信息技术在教学中的广泛应用，逐渐得到人们的广泛关注与认可。它到底能对教学产生哪些影响和作用？能不能促进教学的改进？能不能达到信息技术与教学深度融合的目的？这些问题直接关系到教学活动的教学效果和信息技术的教学价值。本节将重点对这些问题进行探讨。

一、有效教学的内涵

自人类有教学活动以来，教育的研究者与实践者就对教学如何才能达到好的效果进行研究和探索，这是教育教学中永恒关注的话题。有效教学（Effective Teaching）的说法由来已久，但作为一种教学思想与理念，其起源于20世纪的教学科学化运动。对其内涵，国内外研究学者主要有两种观点：一种观点从促进学习的角度来定义有效教学，这类观点以 J. M. Broder 和 J. H. Dorfman 为代表，他们认为有效教学是指有效地促进学生的学习，完成教学目标①；另一种观点从教学投入与产出的角度来界定，也就是从效率、效果和效益三方面对有效教学进行考量。

　　课堂教学是高校人才培养的主阵地，其教学活动主要是师生互动和共同发展的过程。信息技术将我们生活的世界分为现实世界和虚拟世界，其在教学中的应用扩大了教学的时空，课堂自然也就分为实体课堂和虚拟课堂。现今的课堂，不能仅仅停留在传统的实体课堂上，而要将传统课堂扩充到虚拟课堂，科学合理有效地利用两大课堂，充分发挥各自优势，实施有效教学。有效教学本质上是关于培养人的问题，归根结底就是如何有效地促进学生的全面发展，而学生的全面发展又是以有效地改善学生的学习方式和提升教师的专业水准为前提的②。信息技术环境下教学效果的好与坏，并不在于教师是否使用了信息技术设备，也不在于使用时间的长与短，而在于教师能否将信息技术与教学课程内容、课堂目标、学生的身心发展相匹配③。

二、人们对信息技术应用于教学中的不同价值取向

　　信息技术作为一种工具，能够增强人的力量，是人的智能的外化。在教学活动中使用信息技术，人应该对物起支配作用，不能为物所累。同时，不同的人对技术的认知不同，将会形成对信息技术的不同价值取向和态度。下面重点对这一问题进行探讨。

　　价值取向是价值哲学的一个范畴，是指主体基于自己的价值观在面对或处理各种矛盾、冲突、关系时所持的基本价值立场、价值态度以及所表现出来的基本价值倾向。随着信息技术在教育领域应用的普及和推广，人

---

　　①　BRODER J M, DORFMAN J H. Determinants of teaching quality: what's important to students? [J]. Research in higher education, 1994 (35): 235 - 249.

　　②　钟启泉. "有效教学"研究的价值 [J]. 教育研究, 2007 (6): 31.

　　③　王娟. 影响高校多媒体教学效果的因素分析与建议 [J]. 电化教育研究, 2009 (5): 96.

们对它的讨论和争论也越来越多，越来越深入。纵观现代技术对教育教学发展影响的历史，我们可以发现，它首先在实践领域引发教学媒体工具的变革，引发人们对教学模式、教学方式、教学过程的讨论；继而在教育理论领域引起人们对教育目的、教育理念、教育指导思想的关注和思考①。经过这些讨论和思考，国内的一些学者从技术哲学的视角开始对技术本质、技术价值、技术实践等诸多技术问题形成不同观点，如北京师范大学李芒教授的《论信息技术的教学价值》②，南京师范大学李艺教授及其研究团队发表了一系列论文，包括《技术的教育价值的实现与创造研究》③《教育中技术的本质探讨》④《教育领域中科学的技术价值观问题探索》⑤《人文主义技术视角中教育与技术的"一体两面"——兼论教育学与教育技术学的对话何以可能》⑥《教育中技术的价值探讨》⑦《从教育与技术的关系看教育学与教育技术学的对话》⑧《论技术教育价值问题的困境与出路》⑨《技术哲学视野下教育技术价值体系分析》⑩《从技术哲学看教育技术的内涵与本质》⑪《论教育技术的发展价值》⑫《论教育技术的价值取向和发展周期问题》⑬ 等。

通过众多学者对信息技术教学价值认识的梳理可看出，信息技术同其

---

① 颜士刚．技术的教育价值论［M］．北京：教育科学出版社，2010：1.
② 李芒．论信息技术的教学价值［J］．电化教育研究，2007（8）：5.
③ 颜士刚．技术的教育价值的实现与创造研究［D］．南京：南京师范大学，2007.
④ 单美贤，李艺．教育中技术的本质探讨［J］．教育研究，2008（5）：51.
⑤ 颜士刚，李艺．教育领域中科学的技术价值观问题探索［J］．中国电化教育，2008（4）：7.
⑥ 李美凤，李艺．人文主义技术视角中教育与技术的"一体两面"——兼论教育学与教育技术学的对话何以可能［J］．开放教育研究，2008（2）：47.
⑦ 单美贤，李艺．教育中技术的价值探讨［J］．开放教育研究，2008（4）：59.
⑧ 李美凤，李艺．从教育与技术的关系看教育学与教育技术学的对话［J］．中国电化教育，2008（1）：6.
⑨ 李艺，颜士刚．论技术教育价值问题的困境与出路［J］．电化教育研究，2007（8）：9.
⑩ 高铁刚，等．技术哲学视野下教育技术价值体系分析［J］．现代教育技术，2008（4）：22.
⑪ 杨瑛霞，等．从技术哲学看教育技术的内涵与本质［J］．电化教育研究，2007（3）：17.
⑫ 左明章．论教育技术的发展价值［D］．武汉：华中师范大学，2008.
⑬ 李康．论教育技术的价值取向和发展周期问题［J］．中国电化教育，2006（7）：5-7.

他技术一样，具有正反两方面的价值。一方面，信息技术在教学中的应用扩大了教学时空，丰富了教学手段和方法，创新了教学模式，提高了教学效率，优化了教学过程，促进了人类学习方式的变革，满足了社会各方面对教学的需求，表现出信息技术的正价值；另一方面，信息技术在教学中应用，也可能会违背教学规律，脱离信息技术的现实使用条件，应用的结果不一定符合人们的预期，甚至与人们的期望和要求恰好相反，产生技术的异化，这是信息技术在教学中的应用的负价值。正是信息技术在教学中应用价值的二重性，决定了不同的人站在不同的角度，形成不同的认知。从信息技术在教学中应用正价值出发的人认为，信息技术能够促进教学的改革与发展，成为信息技术乐观主义论者；反之，成为信息技术悲观主义论者；介于二者之间的成为信息技术中性论者。

当信息技术的某项技术得到发展并开始流行时，信息技术乐观主义者往往会对信息技术在教学中的应用充满期待，部分人开始走向极端，认为信息技术手段可以战胜一切、改造一切，而将人这个主体放在了从属地位[①]。在这些人看来，只要是先进的技术就一定会有益于教学，于是他们把眼光更多地投向技术本身，强调媒体功效的显著，不断地追逐新技术，沉浸于现代技术给人类教育教学带来力量的虚幻想象之中，把技术看作解决一切教育难题的灵丹妙药，无技术不成教学，没有什么问题是技术所不能解决的[②]。在这种思想的影响下，产生了"技术至上论""媒体决定论""媒体替代论""学校消亡论""教师取消论"等观点。这种极端的信息技术乐观主义者的实质是对现代技术的推崇，把技术看作人类发展的强力手段，是教学发展的决定因素和根本动力，认为只要技术足够发达和先进，教学问题就会迎刃而解，将教育的希望寄托在技术的发展上。

当信息技术在教学中的应用并没有带来预期效果的时候，人们的态度

---

① 李康. 教育技术领域中的哲学观［J］. 电化教育研究，2000（3）：3.
② 左明章. 论教育技术的发展价值［D］. 武汉：华中师范大学，2008：95.

开始由乐观转为悲观，对信息技术在教学中的应用忧心忡忡，将信息技术看成奴役人、束缚人性发展的工具，认为技术对人的发展和完善人性方面没有什么益处。正是由于对信息技术的这种曲解，有人将信息技术看成冰冷的机械工具，认为其是影响学生发展的障碍，可导致人们智力的退化，沉溺其中会使学生产生孤独感。持有这种观点的人，自然不会使用现代信息技术。

介于二者之间的就是信息技术中性论者。信息技术中性论者，最典型的代表是亚里士多德，他认为技术是自然之物，自身不具有目的性，技术只是达到目的的工具与手段，自身并无善恶之分。也就是说，任何技术既可以用于善的目的，也可以用于恶的目的，或者二者兼有。使用信息技术产生不好的结果，不是由技术决定的，而是外部因素强加给它的。对于这种说法，有其正确的一面，但也不能把技术看成脱离了社会现实的一种东西，忽视技术的社会属性。

除上述三种观点之外，笔者比较赞同信息技术负载价值说，主要认为信息技术是特定社会中人的价值的一种载体，不仅仅是一些具体的工具与设备等，还是使用工具、设备的方法、手段、知识、程序等的总和[1]，在内容和形式上体现着当时社会的价值观[2]。因为信息技术的发明者在设计、开发、管理、使用技术的过程中，已将他们的价值观、意志、信仰等渗入技术之中。

三、实施有效教学

课堂教学仍然是高校人才培养的主战场，信息技术应用于课堂教学的核心就是科学合理地利用实体课堂和虚拟课堂两大课堂的优势，结合教学的内容，设计一系列符合人才培养目标、教学目标和学生特点的教学活

---

[1] 高铁刚. 技术哲学视野下教育技术价值体系分析 [J]. 现代教育技术，2008（4）：23.
[2] 许良. 技术哲学 [M]. 上海：复旦大学出版社，2004：144.

动，当然也包括数字化的教学活动，以提高学生的学习成效①。要想达到这种效果，需要我们对信息技术在教学中的应用有一个正确的认识。

（一）在思想上，更新教育观念

教育领域的任何变革总是从思想观念开始的，没有思想观念上的变革，真正的教育变革是不可能产生的。当前，信息革命的大潮猛烈冲击着教育领域，对传统教育思想和教育观念提出了挑战。首先，现代信息技术运用于教育领域，对"读、写、算"这传统教育的三大基石产生冲击，使阅读方式从文本阅读走向超文本、多媒体和高效检索式阅读，使写作从单纯的文本和手工写作转变为多媒体写作和各种自动化输入方式，使计算从纯数学计算扩展为多媒体信息的综合处理，这一切将导致教育从内容到形式的整体变革②。其次，以网络和多媒体为核心的现代信息技术运用于教育领域，使教育和教学的形式、手段、方法、环境等得到更新，不仅提高了学生的学习效果和学习效率，改变了学生的学习方式，大大扩展了教育和教学领域，而且使传统的教育理论、课程结构、师生关系、人才培养模式等面临严重挑战。可以说，现代技术尤其是信息技术的影响力已经或正在充分体现出来，它不仅对传统理论与实践形成冲击与挑战，也为各领域的改革与发展提供了机遇和突破口，许多领域抓住了这个机遇，取得了较快的发展，但教育领域对此的反应较为迟缓。造成这种现象的原因是很复杂的，但观念未能及时转变，或者说未能跟上时代发展的步伐，这不能不说是一个重要原因。因此，要改变这种状况，教育要改革、要发展、要适应信息时代的要求，就必须尽快转变教育思想、更新教育观念。因为信息革命的浪潮已经到来，教育信息化是迟早的事情，与其说让浪潮推着走，

---

① 刘春莲. 信息技术对我国大学教学模式的影响论析［J］. 电化教育研究，2008（12）：51.
② 桑新民. 当代信息技术在传统文化——教育基础中引发的革命［J］. 教育研究，1997（5）：15.

不如主动先走几步，站在浪潮之上。

（二）在认识上，建立对信息技术应用于教学的辩证的哲学观

技术是人类为了更好地生存与发展，在认识自然、改造自然的生产劳动过程中产生的，是人类的经验智慧、方法技能和物质工具等要素有机结合的产物①。在教学中使用信息技术就是人们在一定教育思想、理论的指导下，为了满足教与学的需求，将自己的经验智慧、方法技能、工具手段等有机结合、综合利用，实现提高教学效能的目的。辩证地看待信息技术在教学中的应用，就是要将信息技术放在教学的整体环境中，既不片面强调工具手段的决定性作用，也不将工具手段、教学与人、社会的发展对立起来，也不能因为技术不恰当的应用带来的负面影响、使用中存在的某些问题、某些局限性而否定技术。我们既要看到教育的现代化需要现代信息技术，现代信息技术有利于教育的现代化、教学质量的提高、人和教育的协调发展，也对教学思想观念、教学内容、教学方法和教学体制等带来重大影响，还要看到人的素质、思想观念、教育体制对工具手段具有强大的抑制作用与反作用。因此，我们在运用信息技术进行教学时，既不要过于乐观，也不要悲观，合理地使用技术，建立对信息技术应用于教学的辩证的哲学观。

（三）在使用上，明确目的、遵守规律

1. 明确使用目的

教育是培养人的社会活动②，教育的价值追求是使人成为人。培养人是教学的目的，教学是培养人的手段，技术是培养人的环境条件。在教学

---

① 李康. 论教育技术领域中的哲学观 [J]. 电化教育研究，2000（3）：5.
② 王道俊，郭文安. 教育学 [M]. 北京：人民教育出版社，2008：14.

中运用技术，就需处理好技术、人与教学三者的关系。教育为体，技术为用①。技术从来就是为人的实践服务的，总是服从于人们的使用目的②。在教学中使用信息技术，目的是提高教学质量和教学效率，代替教师的部分劳动或做一些教师凭人力所做不到的事情，因此在教学活动过程中，我们要从人的立场和视域出发考虑技术的应用，思考要用技术去做什么，达到什么目的。当教学与技术实现良性互动时，技术在教学运用中就体现出它的价值，技术的运用也才有意义。在大学课堂教学中，信息技术手段应用的根本目的在于优化课堂教学结构，提供多种刺激信号（图、文、声、动画等）来有效地吸引学生的注意力，激发学生的学习兴趣，解决教学中的实际问题，提高课堂教学效果，而不是单纯为了使用新技术。因此，在具体教学过程中，我们要结合教学实际需要，根据要实现的教学目标、具体的课程、具体的教学内容具体分析，手段为目的服务，方式服从于效果，明确使用技术的目的，争取实现预期的好的教学效果。

2. 遵守一定的规律

本书认为，信息技术在教学中要得到恰当的应用，既要符合教学的目的，又要遵守一定的规律。这里的规律，主要是指教学规律、技术规律、学生的认知规律。这些规律是不以人的意志为转移而客观存在的，是普遍联系的，具有客观性、普遍性、稳定性和必然性。这些基本的规律是我们在利用信息技术开展教学时的主要依据，如教学原则的制定、教学组织形式的选择和应用、教学方法的使用、技术的更新周期、教学的进度等。

3. 恰当选用信息技术

在现实的教学实践中，理论自身的局限性和对理论的教条性理解容易让人们的认识从一个极端跳到另一个极端。一方面，由于信息技术的显著

① 赵勇. 传统与创新——教育与技术关系漫谈［M］. 北京：北京师范大学出版社，2006：8.
② 张立梅，等. 对信息技术与课程整合若干问题的思考［J］. 中国电化教育，2009（2）：72.

优越性，有的人将之奉为神明，处处应用信息技术教学；另一方面，由于技术手段的滥用，有的人又将之视为异端，十分排斥。看待信息技术在教学中的应用，我们应坚持辩证的思维方法，坚持一切从实际出发，把目的与手段有机统一起来。每一种媒体都有各自的长处，对某种特定的教学和学习有效，却又不存在一种人人适用、处处适用的全能媒体，这是因为每种信息技术都不可避免地存在某种局限性。只有在某些特定的教学情境中，一种媒体会比另一种媒体更有效①。因此，教师在利用信息技术开展教学时，要充分吸收各种技术的优点，使传统实体课堂和虚拟课堂、传统媒体与信息化教学媒体能够有机结合，取长补短，优势互补。根据"学教并重"的教学理念，学会从需求出发来选择技术，而不是从技术的优势出发来考虑技术的应用②。

4. 处理好两大关系

（1）教学与技术的关系。

信息技术在教学中应用，教学始终是主体，而信息技术是为了配合教学、辅助教学、促进教学。在教学过程中，学生是教学的主体，教师在教学过程中起着主导作用。在使用技术时，应做到人机优势互补，把机器（各种信息技术媒体）所擅长的事让机器去做，把人（教师）所擅长的事留给人去做③。因此，信息技术应用于课堂教学，不能喧宾夺主，应遵循和坚持辅助性原则，突出学生的主体地位和作用。在使用信息技术时，应注重学生的实际情况，不能完全用人机交互代替师生间面对面的人际对话，应当建立全新的以学为中心的课堂教学形式，让学生主动参与自身知识结构的重组或建构活动。

---

① 贾雪梅. 多媒体辅助教学急需处理好的几个关系 [J]. 电化教育研究, 2010 (2): 87.
② 彭伟国. 影响信息技术与课程深层整合的生态学归因分析 [J]. 中国电化教育, 2010 (2): 92.
③ 祝智庭. 信息技术改变教育 [J]. 教育与职业, 2006 (7): 104.

技术本身具有二重性，在教学过程中使用信息技术，一方面根据学校的实际情况，鼓励教师使用合适的教学媒体；另一方面，在倡导教师使用现代教学媒体时，要坚持以教学质量、教学效果作为评价教学的重要指标，勿以是否使用媒体作为标准，否则极易使教师丧失教学特色，成为教学媒体的奴隶。在鼓励使用过程中，我们需要采取一定的措施引导使用。面对现实问题，只要方法得当，就能克服技术上、使用中的问题。

（2）目的与规律的关系。

信息技术要在教学中得到有效应用，处理好目的与规律的关系，应把握好以下原则：

第一，合目的与合规律相统一的原则。信息技术在教学中合理有效的运用，既要合乎物性，即事物的本质与规律（就教学而言，就是教学规律、技术规律、学生认知规律），又要合乎人性，即人作为主体的目的和需求。信息技术在教学中的运用首先要高度重视人的主体性，关注人的生存与发展，在遵循人性的基础上，掌握客观规律，并遵循客观规律开展教学，这样信息技术在教学中的应用才能取得效果。人们在遵循客观规律的同时，使用信息技术开展教学，需要按照人的目的与需求去应用信息技术，才能使教学按照主体的目的和需求的方向发生变化，从而满足人的需求。

第二，目的合理性、手段合理性与结果合理性相一致的原则。信息技术在教学中的应用是集应用目的、使用手段与应用结果于一体的教学活动，必然要求三方面的合理性相一致。目的合理性主要是指人们应用信息技术开展教学的目的是正当的、合理的，符合人类生存与发展的长远利益、整体利益。手段合理性是指应用信息技术工具、手段的有效性、可行性，能以最有效合理的方式完成信息技术的应用。结果合理性是指信息技术在教学中的合理使用能给教学带来正价值、正效应，而不是给教学带来危害。因此，研究信息技术合理应用的根本目的在于避免、减少其不合理性，使信息技术在教学中的应用向有利于人类生存和发展的方向进行，使教学能更好地满足培养人的需要和目的。

（四）选择恰当适宜的教学内容

信息技术只是作为信息传播的一种手段应用于教学，无论是电视、书本还是面授，传递信息的内容没有什么不同，不同的只是信息的传递方式。因此，信息技术运用于教学，要达到最优化的教育效果，需从教学的实际问题出发，通过应用驱动。宏观层面需要结合人才培养目标，中观层面需要结合学科教学内容，微观层面需要结合学科中的重点和难点，有赖于整体教育改革（包括教育体制、教育思想、教育方法），有赖于正确的教学设计。这样，一项新的信息技术在教学中的应用才会长久。

（五）加强教师信息技术的技能培训

信息技术在教学中有效应用的关键因素是教师，改革的决定必须发生在个人层次，个人行为的改变是计算机整合到课堂教学的根本[①]。这部分内容在上一节已做专题探讨。

教学是学校的基础，教师是教学的灵魂，使用信息化技术教学是教师的一种基本技能。信息化教学环境是教师耕耘的场所，教师应选择合适的信息化教学资源、教学媒体和教材，以提高能力为重点，通过精心的教学设计，获得最佳的教学效果。一个现代化的智慧型课堂，需要一个能自如运用信息化的智慧型教师，实现"教学有方、授业有谋、解惑有策"。

通过上面的研究分析，本书认为信息技术要想进入地方高校的本科教学，要做到以下几方面：

一是要能正确认识理解信息技术在教学中的应用。从信息技术应用于

---

① 王春蕾，等. 美国影响信息技术在学校教育中有效应用的因素分析 [J]. 开放教学与研究，2004（4）：45.

教学的本质上看，信息技术应用于教学是为了提高教学效率，优化教学过程，促进教学改革，达到提高教学质量和育人的目的。人们在教学中使用技术，主要是因为人类机体存在某些缺陷，但无论技术多么先进，它都不能独立地决定教学的最终结果①。只有对信息技术在教学中应用的本质有清醒的认识，才能实现我们在教学中使用信息技术开展教学的目的。

二是要认清信息技术自身的局限性。从信息技术自身的特性上看，其来源比较多元与复杂，变化更新快，有时具有不稳定性，这些因素都会影响教学对技术的使用。同时，也并非所有的信息技术都适用于教学，自身也具有二重性。这些特性也会影响信息技术在教学中的应用。

三是要认识到信息技术进入教学有一定的规律，是一个循序渐进的过程。首先，信息技术进入教学多以工具的形态进入教师的教学活动，在某些教学环节发挥作用，价值与作用也仅停留在其所具有的功能范围之内。随着教师使用频率的增加，使用信息技术开展教学将逐步内化成为教师的一种教学方式、行为能力与习惯，成为教师自身素质的一部分。教师开始能结合课程的教学内容，调整、改变原有的教学方法，确定新的教学原则，形成新的教学思想与理论，使所用的信息技术具有的潜在教学功能得到进一步的发挥。教师再经过一定的教学实践，信息技术对教师教学活动的影响会更加明显和突出，教师将根据信息技术具有的教学功能特性，对原有的教学系统可能带来的变化与影响，结合课程人才培养目标、教学内容的要求，在新的教学思想与理念的指导下对原有的教学系统重新进行系统的教学设计，形成新的稳定的教学模式。信息技术在教学中应用的深度、广度得到进一步的升华，产生良好的教学效果。也就是说，教师使用信息技术不仅内化成为教师的一种行为能力与习惯，是一种"新常态"，而且新技术已是教师手中的"魔杖"，是其教学系统中不可分割的一部分，在其教学应用中达到了"人、技术、教学合一"的新境界，并且实现了教

---

① 单美贤. 教育中技术的本质探讨 [J]. 教育研究，2008（5）：53.

学更高层次的重生，这就是本研究所追求的信息技术与教学的深度融合。这种深度融合，不是将信息技术在教学中的应用仅仅停留在浅层次应用阶段，而是有一定的深度与广度的应用，在应用中产生良好的教学效果。而取得好的教学效果正是信息技术应用在教学中的价值追求。

通过上面的论述，我们可以看出信息技术与地方高校本科教学深度融合，其核心思想就是"变"。这种"变"体现在教学上，表现为信息技术给教学带来的一系列变化，打破原有的教学时空，改变师生之间的交互方式，改变信息的呈现方式与传输通道，改变原有的教学环境、教学方式，进而改变原有的教学方法、教学模式，实现教学思想与理念的更新，变革原有的管理体制与机制。简而言之，新技术在教学中达到良好的应用效果，需要新方法、新模式、新理念、新机制与之相适应，这些"新"，只有通过"变"，才能使技术价值与作用得到有效的发挥，让教学更加精彩与多元。

当然，信息技术应用于教学，从产生的结果上看，必然会有两种情况：一种是达到预期的教学效果，另一种是达不到预期的教学效果。产生这两种结果的原因，是由信息技术的二重性决定的。当它在教学中满足人的某种需要并促进人的发展时，信息技术就产生正价值；当使用过程中违背技术使用规律时，就会产生有损于人的存在与发展的负价值。倘若教师使用信息技术不能达到预期目的，只要客观地分析技术使用过程中出现问题的成因，采取积极的措施就可以最大限度地避免问题。

总之，利用信息技术实施有效教学，不仅仅是教学手段的改革，更是教学思想、教学观念的转变以及教学内容的选择、教学设计的实施，涉及教师、学生、体制、教学条件等方面的改革。要达到最优化的教学效果，有赖于提高广大教师对信息技术应用于课堂教学的认识，有赖于加强教师的信息技术知识培训，提高教师的信息技术能力，逐步将信息技术有效融合到整个教学体系中去，又不迷信和盲从信息化教学，在加大硬件建设的同时，重视软件的建设。只有这样，才能使信息技术在教学中的应用深入人心，使信息化教学得到飞速发展，最终实现教学的整体变革①。

本章小结

信息技术进入原有的教学系统，将对原有的教学系统产生影响，这就需要新的教学方法与之相适应，进而实现教学模式的优化与创新，达到信息技术与地方高校本科教学深度融合，实现教学质量提高、人才培养质量提升的目的。影响信息技术在地方高校本科教学中应用的主要因素有：师生对信息技术的接受程度、熟练程度，信息技术的复杂程度，学校的政策导向以及教学理念等。前一章已对影响信息技术在教学中应用的这些要素进行了分析，本章针对这些问题，提出四点对策：

（1）树立开放式办学、主体参与式教学和体验式学习这三方面的信息技术与地方高校本科教学深度融合的教学理念。

（2）科学运用信息技术，实施有效教学，这是实现信息技术与地方高校本科教学深度融合的前提和基础。

（3）提升师生信息技术素养，这是实现信息技术与地方高校本科教学深度融合的关键。

（4）建立信息技术与地方高校本科教学深度融合的体制机制，这是信息技术在地方高校本科教学中得以可持续发展的根本保障。

---

① 王忠政. 基于信息技术环境下的高校课堂有效教学研究［J］. 软件导刊, 2012（1）: 19.

第四章　信息技术推动下地方高校本科教学的改革与创新

　　前面几章研究分析了地方高校面临的形势、信息技术在教学应用中存在的问题及原因，揭示了信息技术进入教学过程的基本规律。在此基础上，笔者将以广东财经大学为个案，开展信息技术推动下的地方高校本科教学实践。在具体的教学过程中，我们以财经类本科应用型人才培养目标为依据，以信息技术为支撑平台，以开放式办学、主体参与式教学和体验式学习为指导，以解决教学中的实际问题为出发点，按照"新技术、新理念、新方法、新模式、新机制"的系统性指导思想，遵循"价值引导、需求为先、教育为本、技术为用"的原则，在人才培养的各个环节开展教学实践活动，探索信息技术与地方高校本科教学深度融合的各种可能，力求取得好的教学效果，促进人才培养质量的提升。

第一节　信息技术推动下的日常课堂教学模式

　　当信息技术渗透原来的教学系统后，欲成为原来教学系统的一个组成部分，必将打破原有教学系统的结构，需要对新的教学要素进行重组与重构，需要重新进行教学设计，采用新的教学方法，形成新的教学模式，笔者就这方面的问题在广东财经大学开展了一系列的研究与探索。

一、信息技术支持下的学导结合型教学模式改革探索

信息时代，社会需要更多基础扎实的财经类人才，但学校缺乏师资，为扩大学生的知识面，为学生提供更多可选择的机会，我们以信息技术为平台，以广东财经大学通识课程教学改革为例，开展了学导结合型的教学模式改革，具体如下。

（一）地方高校在培养应用型人才素质教育方面遇到的问题

近些年，我国高等教育类型日趋多样，社会对应用型人才的培养需求不断增加且日趋多元。许多地方高校在本科人才培养目标上不再盲目效仿重点院校，而是以培养服务地方经济的应用型、创新型人才为基本定位，以培养复合应用型、服务应用型、技术应用型和职业应用型等一线应用型本科人才为培养目标①。这种人才培养目标的定位，仅靠单一的专业教育是很难实现的，需要一些专业之外的教育——通识教育一起共同完成。通识教育是与专业教育、职业教育相对应的一种教育，有利于促进人的主体意识的觉醒，是所有大学生应该接受的一种共同教育。这种教育不仅仅要使人学会做事，更重要的是要使人学会做人。因此，许多高校在研究探索通过这种教育达到创新型人才培养的目的和要求。广东财经大学作为地方财经类院校，其人才培养目标定位是应用型本科人才，在具体培养过程中遇到的问题主要包括以下几个方面：

1. 公选课数量偏少与学生选报人数较多的矛盾

近些年，由于学校教育规模的不断扩大，许多地方本科院校首先面临的问题是师资数量的不足，能开设提高学生素质的课程数量相对较少。这就造成学生在选课时往往由于可供选择的课程相对有限而不能如愿，但按

---

① 高林．应用性本科教育课程设计理念和构想［J］．北京教育（高教版），2006（2）：86.

照人才培养方案，每个学生必须修满一定的学分，这就出现了公选课的数量偏少而学生选报人数较多的问题。

2. 课程结构不合理，质量有待提高

随着学校教育规模的扩大，地方本科院校遇到的第二个问题就是：学校为了保证开课数量，缺乏对学校课程体系结构、课内学习与课外学习的整体规划。这就出现教师申请什么课，学校就允许开设什么课的现象，随意性很大；甚至会出现部分课程的教学大纲、选用的教材或讲义还没准备好就让开课的情况；同时，也会出现课程类型混淆不清、没有限制，造成课程的结构不合理。

3. 授课形式单一，学生学习缺乏积极主动性

目前公共选修课主要是采用理论授课，授课形式也相对比较单一，无法有效激发学生的学习兴趣，这就导致一些课程的开设流于形式。为解决该问题，我们研究探索了学导结合型的教学模式改革，由教师进行引导，学生自主利用网络优质教学资源进行自主学习的教学方式开展教学，旨在充分发挥网络资源开放、共享、异步交互的优势，弥补学校通识课程资源、师资资源不足的问题。

（二）学导结合型教学模式的改革实验

为解决通识公共选修课程存在的问题，全面深化课程教学改革，进一步扩大通识教育选修课程的育人功效，我们尝试从学校整体出发，在开放式办学思想的指导下，对素质教育类课程进行整体规划，利用信息技术平台，开展了学导结合型的教学模式改革试验。

1. 学导结合型教学模式的内涵

（1）学。学主要是指学生在教师的指导下，利用信息技术开展自主学习、协作学习，结合自己的实际情况，制定自己的学习目标、学习进度、学习难度和学习策略等，其根本指向是"学会""会学"。

（2）导。在这种教学模式中，导主要是指教师的导。它有多种内涵：①引导：引导学生理解采用这种教学方式的意义与价值，能够利用校内外资源，根据自己的兴趣与爱好，选择适合自己的课程，明确学习目标，恰当地选择、制订自己的学习计划。②辅导：学生在学习过程中，有可能遇到一些学习上的问题和困惑，教师通过信息技术手段和必要的面对面交流的形式，及时解决学生学习过程中的问题，激发他们学习的兴趣，唤起他们学习的欲望，使他们积极投身于学习。③督导：教师对学习者自主学习全过程实施质量监控①，督促学生按时完成既定学习任务。教师的导可以有多种形式，如面对面的、网上互动的形式等。

（3）结合。这里所说的"结合"，是指师生之间借助一定的媒介而实现匹配的、谐振的双主体（主导—主动）互动，形成整体的教学合力②。如果学与导相互彼此分离，那么教学将难以形成合力，学导结合的教学模式也就名存实亡。因此，学导结合的教学模式关键在结合。

（4）教学模式。教学模式、教学方法、教学策略同属于传统教学中解决"如何教"这类问题的概念，它们之间联系密切，容易混淆。近十几年一度成为教育研究的热点，不同的学者给出不同的定义。本书中的学导结合型教学模式，是指在一定的教育思想与理论的指导下，利用信息技术的手段，通过教师的导与学生的学的有效结合，实现某种预期效果或目标的教学结构化形式。

2. 实验的过程

（1）对全校本科教学通识课程进行整体规划，改革教学内容。

首先，进行规划设计。根据社会需求、学校人才培养目标、学科特点，参照国内高校通识教育选修课程的设置，我们将通识教育选修课程体系调整为人文科学系列、社会科学系列、自然科学系列、方法论系列、艺

---

① 陈江鸿. 开放大学的学导结合教学模式与实践探索［J］. 远程教育杂志，2012（6）：60.
② 陈江鸿. 开放大学的学导结合教学模式与实践探索［J］. 远程教育杂志，2012（6）：61.

术系列、体育系列和创新创业系列七个模块。在这七个通识教育选修课程模块中，所有学生应修满 12 个学分。其中，所有学生修读的人文科学系列课程至少 2 个学分；文科类专业的学生修读自然科学系列课程至少 2 个学分，修读方法论系列课程至少 2 个学分；理工类专业学生修读社会科学系列课程至少 2 个学分，修读艺术课程系列课程至少 2 个学分。人文社会科学系列、社会科学系列、自然科学系列、方法论系列和艺术系列原则上各设置 10~20 门课程，体育系列设置 10~15 个选项（专供大二学生选读），创新创业系列设置 5~8 门课程。通识教育选修课程学分不得替代其他模块课程学分。通识教育选修课按学期滚动开课。通识教育选修课程的设置思路遵循"有序推进、动态优化、逐步完善"的原则，根据教学需要和检查评估情况，不断调整、增删，最终设置约 70 门课程。

其次，改革教学内容。鼓励教师开设导论型、拼盘型和专题研究型课程。导论型课程是对课程内容的概述，涉及的知识点广而宽；拼盘型课程是指由不同学科、不同知识结构、不同教学风格的教师从多角度、多层面开设并由系列专题讲座组成的课程；专题研究型课程是指教师结合自身学术研究专长，就某一研究领域向学生做出讲解的课程。

（2）改革教学方式和考核方式。

首先，改革教学方式。鼓励教师采用新型的现代教学方法与手段，运用课堂讲授、课堂讨论、角色扮演、项目参与、实践体验等多样化教学方式开展教学。鼓励教师引进并自主建设通识教育网络视频课程，探索基于现代信息技术平台的"数字化教学资源＋教学团队运作"的有学分、无学时（或有限学时）的新型教学模式。

其次，改革考核方式。通识教育选修课程考核方式因课程特性与需要，可采取灵活、多样化的考核方式，如读书报告、调查报告、课程设计等考核形式。考试内容能检测学生读书和自主学习的情况。通识教育选修课程平时成绩的比例可增加至 40%，最终成绩由作业、实验、考试等多项考核评价指标综合评定。

（3）对全校学生开展通识选修课认识与看法的抽样调查。

在正式实施之前，我们于 2011 年 10 月中旬组织开展了"广东财经大学通识教育选修课程问卷调查"。此次调查共计发放问卷 3 025 份，回收 2 878份，其中有效问卷 2 715 份，占回收问卷总数的 94.34%。从学生院系分布看，有效问卷共计涉及 14 个教学院（部），分别来自工商管理学院、法学院、会计学院、经济贸易与统计学院、金融学院等。从选课原因看，占前三项的分别为：感兴趣（31.3%）、学分需要（30.1%）、拓展视野（27.4%）。从选课期望值看，学生对通识课程的需求分别为：艺术系列（31.7%）、人文科学系列（18.8%）、自然科学系列（18.6%）、社会科学系列（15.2%）、方法论系列（11%），另有4.7%的人选择"其他"。从对开设网络通识选修课程的意愿看，一定会的占 17.3%，会尝试的占 64.8%，不会尝试的占 11.3%，不好说的占 6.6%。这次面向全校的抽样问卷调查增强了我们在广东财经大学开展学导结合型教学模式改革的信心与决心。

（4）开展学导结合型教学模式的实验。

为了丰富广东财经大学公选课的课程内容，拓展学生的知识领域，使学生有较大的选择余地和学习空间，同时也为了弥补部分教育资源的不足，我们借助信息技术平台自 2011 年开始进行教师引导学生自主学习的学导结合型教学模式的改革探索。

首先，引进相关资源。在国内，优秀的典范是尔雅通识课教育，它与北京大学、清华大学、复旦大学、中国社会科学院、台湾大学、美国斯坦福大学等 200 多家国内外教育科研机构，3 000 余位专家名师合作。主讲教师队伍大多来自全国"985"和"211"重点院校及各类科研院所，也包括多位海外名师，其中不乏中国科学院院士、中国工程院院士、中国社会科学院学部委员、诺贝尔奖得主、长江学者、国务院学科评议组成员等相关领域的学术权威人士和学科带头人等。尔雅通过精心的视频制作，将这些主讲人的教学视频直接放在网络平台上，供选学的学生直接选用。我们结合学校的实际情况，引入适合广东财经大学特点的满足财经院校人才培养需要的"用经济学智慧解读中国""西方哲学智慧""中国古典小说巅峰——四大名著鉴赏""学术基本要素——专业论文写作""追寻幸福""化学与人类""从爱因斯坦到霍金的宇宙"等课程。

其次，明确实施过程。实施过程主要分五个阶段：①宣传发动阶段。由于这是一种全新的选课教学模式，为保证教学质量，我们首先做好大量的宣传工作，为每门课程分别安排了一名或多名熟悉这门课程的辅导教师，让学生和教师在选课之前对这种上课方式有充分的了解和认识，让选课的师生明白整个课程的教学过程。②组织学生选课阶段。在宣传发动的基础上，组织学生选择自己喜欢的课程。③教师导学阶段。学生选完课后，在学生正式学习前，辅导教师先熟悉自己所负责的网络在线课程的教学录像，编制教学计划进度安排表等相关教学文件；设定作业发布时间、完成时间及提交方式；确定考核方式和考核比重。在开学初，辅导教师安排2个学时的导论课，向学生介绍课程的属性、基本内容及主讲教师情况；向学生说明教学进度的安排、作业完成方式、考核方式等学习要求，并针对这门课程对学生进行引导性教学。④学生学习交流阶段。学生将通过在线学习平台进行课程的学习，若遇到学习上的问题，可以与辅导教师或同学进行交流互动，必要时需提交一定的作业和参加相关的考试等。当完成这些学习任务后，才能获得相应的学分。为保证教学质量，增强师生互动，辅导教师也会根据需要适时安排现场教学课，对部分课程的教学内容进行串讲、讨论、答疑、作业点评等。⑤学习考核与评价阶段。课程结束后，学生需完成相关的考核。辅导教师也会安排一次课程总结，了解学生的学习情况与学习效果，为下一阶段的教学改革提供必要的基础和依据。

3. 实验的效果与分析

采用这种教学方式，对进一步提高学校选修课的水平，缓解学校选修课资源的不足，满足学生的学习需求，为全校师生提供优质的网络教学资源，发挥了一定的积极作用。到目前为止，广东财经大学采用这种教学方式开展的课程 8 门，选修的学生 3 000 多人次。

在课程结束后，我们面向 2013 年参与课程教学的学生发出问卷 1 150 份，收回 1 103 份。调查结果显示，有 88.35% 的学生对这种全新的公选课学习形式较为认可，认为这种教学方式能激发他们的学习兴趣，能调动他们的积极性与主动性。在教学内容的选择上，许多同学认为尔雅课程的教学内容条理清楚、重点突出，有较大的信息量，具有启发性。从调查统计的结果来看，学校采用基于信息技术平台学导结合型教学模式改革从整体上看是成功的，满足了一部分学生的学习需求，也丰富了学生通识课程的选修范围。在实践过程中，我们发现这种教学方式也存在一些有待解决的问题，比如有些学生认为这种教学方式存在不受上课时间的限制、学习态度不端正、混学分的现象；由于视频的学习基于网络，存在如何有效保证学习者在线学习或考试等问题。此外，面对大规模的学习者，如何组织有限的教师服务也将成为制约提升这种教学质量的重要问题。

总之，通识教育作为一种教育理念，有利于扩宽学生的知识面，培养学生高雅的情趣和健全的人格，有利于提高学生的择业和再就业能力。为了提高学校通识选修课的质量与水平，我们采用学导结合型教学模式，解决了学校师资、课程资源等现实中的一些问题，对促进学生可持续发展具有一定的积极作用。如何更多地从教学系统因素、从实证的角度来探索这一模式的运行机制和效果，是我们今后进一步研究和探索的问题。广东省出台了完全学分制改革的实施意见①，其中最大的亮点是承认学生在网络教学平台上获得的学分。该制度的实施，也坚定了我们继续开展学导结合型教学模式的研究与探索的积极性。

---

① 广东省教育厅关于普通高等学校实施完全学分制管理的意见（粤高教 2014 年 5 号文）.

二、中外高校教师远程合作教学模式的改革实践

（一）财经类院校在培养具有国际视野的人才上遇到的问题

随着我国教育事业的不断发展壮大，如何引进国外优质的教学资源，借鉴国外发达国家有益的教学方法和先进的教学管理经验，加快我国教育教学改革的步伐，培养国家经济建设亟须的各类高素质人才，是当前我国在教育国际交流与合作过程中值得研究和关注的重要课题，中外合作教学就是在这种的背景下产生的。近些年，随着中外合作教学在我国的迅猛发展，中外合作教学的范围、规模逐步扩大，层次逐渐提高，模式日趋多样。为了满足经济全球化、教育国际化的需要，培养适应经济社会发展需要的、具备国际素质的财经类人才，我们本着开放式办学的思想，尝试中外远程合作教学，引进国外优秀的师资，开展中外学生间的交流互动，探索具有国际视野的创新型人才培养课堂教学模式改革。

（二）中外高校教师远程合作教学实验

1. 中外高校教师远程合作教学的内涵

合作教学起源于美国陆军教学法，在 20 世纪 80 年代得到进一步发展。后又经过 30 多年的发展，合作教学在理论上逐步走向成熟，并且在教学的许多领域得到了有效的应用。国内一些学者也纷纷在合作教学的理论[①]、合作教学的形式、合作教学的效果[②]、合作教学对教师的专业发展[③]等方面进行了积极的研究和有益的探索。不同的学者理解不同、运用形式不同，

[①]　于兰. 合作教学的本质与大学英语教师专业发展［J］. 沈阳师范大学学报（社会科学版），2012（5）：126.

[②]　殷小娟. 中外教师合作教学效果的实证研究［J］. 四川教育学院学报，2012（2）：82.

[③]　牟宜武. 中外合作教学对教师专业发展的影响［J］. 吉林工程技术师范学院学报，2009（7）：4.

对合作教学的界定也就不尽相同。关于合作教学，国内学者的看法各异，有的强调学生之间的合作学习，有的强调教师之间的教学合作①。笔者认为合作教学是指两名或两名以上的教师为完成一定的教学目标和任务，通过共同计划、备课等教学环节的交流与合作，共同对同一门课程、同一个或一个以上班级的学生实施课堂教学，探究教育教学规律，提升教育教学效果的一种新的教学模式。这种教学模式可以在同一时空下进行，也可以在不同时空下进行。

信息技术的发展，为教学要素的跨国流动提供了可能。为了利用国外优秀教学资源，开展教学交流，我们尝试开展中外远程合作教学。本章中的中外高校教师远程合作教学是指以现代网络互联技术为基础，通过视频传输的方式，以主讲人讲授、教学助手（一名或多名）或教学合作者自愿联合的方式，开展课堂教学直接合作的形式。这种新颖的教学模式具有以下优势：

（1）突破了时空界限。

传统的中外高校教师合作教学在语言类课堂教学中运用较多，这种教学方式要求中外高校教师、学生在同一时空下开展。随着信息技术的发展，网络传输速度得到了较大的提升，中外教师、学生可以利用视频技术进行双向实时互动，这为中外高校教师实施远程实时合作教学提供了技术上的可能，突破了时空的界限。

（2）突破了传统教学信息传播形式上的单一性。

利用现代信息技术，开展中外高校教师远程合作教学，能实时了解国外高水平、高质量的教学，听国外优秀教师授课，获得国外优秀的教学资料，并能知悉国外同龄学生的情况。这种教学方式具有教学时空的灵活性，教学手段和方法的先进性，教学形式的多样性，教育的对象、内容、

---

① 于兰．合作教学的本质与大学英语教师专业发展［J］．沈阳师范大学学报（社会科学版），2012（5）：127.

层次和形式的开放性，对提高我国教学质量、促进人才质量的提高，具有重要的现实意义和价值。

2. 中外高校教师远程合作教学实验过程

（1）实验的问题。

与传统的教学模式相比，我们利用信息技术开展中外远程合作教学，要重点关注几个问题：这种教学方式是否有利于提高国内学生与国外学生交往合作的能力？是否有利于培养学生自主学习的能力？是否有利于促进教师的专业发展？是否有利于提高学生的英语语言能力？本研究重点对这些问题进行了探讨。

（2）实验的对象。

广东财经大学与美国北卡罗来纳州立大学经友好协商，共同合作开设"Asian Economy"（亚洲经济）课程，总共 30 学时。该课程对美国北卡卡罗来纳州立大学而言，是面向全校大三学生的公共选修课，以小班教学为主，每期学生 11 人。对广东财经大学而言，这是面向经济与贸易学院学生的专业选修课，为减少语言沟通给课堂教学带来的障碍，我们选择国际贸易本科专业中英语能力较强的 22 名大三学生，这部分学生具有一定的经济学专业基础，能用英语参与课堂教学的互动，也选择部分学生作为旁听，使更多的学生领略中外教学模式的不同。

（3）实验的教学条件的准备

第一，授课时间。为解决时差问题，我们以美国学校上课时间为准，上课时间选择在北京时间 20 点到 22 点，共 10 次，一次 3 个课时。

第二，教学内容。针对该门课程，我们结合双方学校的实际情况，经商定，选择 10 次上课的内容。将 1 个美国学生和 2 个中国学生（1 个为主、1 个辅助）分为一组。

第三，教学环境条件准备。任何教育教学活动都离不开一定的教育教学条件，中外高校合作教学同样如此。在硬件配置方面，需要流畅的网络，能够满足中外远程合作教学中视频传输的需要，满足师师之间、师生之间、生生之间远程互动的教学情境条件；另外，也需要供双方师生共建共享的课程教学资源展示的软件平台。

第四，建立双方都能接受的合作教学规范。为保证中外远程合作教学的顺利开展，在合作教学之前，双方首先建立合作教学的基本规范，这种规范是合作双方教师共同商议并能为双方共同承认与接受的基本准则，是双方开展合作教学的基础。这样，可避免合作过程中的时间浪费，少走弯路[①]。

（4）实验教学过程的设计与实施。

在实施课程教学之前，经双方教师的协商，首先对这门课程的教学进行整体的教学设计。该教学设计是在双方教师对学情、教情等前端情况进行分析的基础上，是双方学校都能实现的教学环境。在此基础上，构建形成了以学生合作学习活动为主线、以远程课堂教学和网络在线学习为主要学习形式的课程教学模式（如图4-1所示）。在每次具体的课堂教学中，我们按照"问题导学—合作授课—交流拓展—教学评估"的课程教学模式开展。

①问题导学阶段。该阶段的准备包括双方教师及学生课前的准备。对双方教师而言，首先从分析学习者需求出发，确定每个教学单元的重点、难点、可能遇到的问题及解决方法，然后讨论确定教学活动的安排、教学的组织形式及可能存在的共性问题等。对双方学生而言，每个教学单元，双方教师会有针对性地选择亚洲某一国家，就其政治、经济、文化等设计引导学生思考一些问题，将要思考的问题发布在 Blackboard 学习资源平台上，要求双方学生进行相关资源材料的准备，并以小组的形式将准备好的材料发布到 Blackboard 平台上。

---

① 于兰. 合作教学的本质与大学英语教师专业发展［J］. 沈阳师范大学学报（社会科学版），2012（5）：128.

②合作授课阶段。在这个阶段，根据双方的约定，每次授课分三个环节，分别为教师主讲、学生发言和课堂讨论三个部分。合作教学的方式是以一方讲授一方观察和小组教学为主。前面的一些教学单元先由美方教师授课，后面的一些教学单元以中方为主，主要根据双方的约定介绍亚洲某国的政治、经济、文化基本情况，中方教师在本方观察学生听课情况，并回答学生听课过程中可能出现的一些问题。然后，由双方学生代表依据所查的资料进行发言并提出问题，与双方教师和学生一起探讨。接着，美方教师提出引导性问题，再由中美双方的学生按照事先分好的小组，通过远程合作平台展开讨论。在交流过程中，小组成员之间也可以利用聊天室交换想法。讨论结束后，双方教师进行简短的总结性发言和评述，学生在课外做一些准备和总结性复习巩固工作。

③交流拓展阶段。上完每个教学单元后，双方师生仍有一些要做的任务。对双方教师而言，需评估每一单元的教学效果；分析学生的学习策略；探讨交流中美之间的文化差异；探讨教学过程中存在的突出问题及进一步开展合作教学课堂模式改革优化的可能性。对双方的学生而言，由于社会文化背景不同，对同一问题会有不同的看法，双方学生在课外时间还可利用交流互动平台进行交流。每次教学后，每位学生及每个小组需整理、完善当次课程教学的相关材料、课后总结等，将讨论结果及总结发布在网络共享平台上。

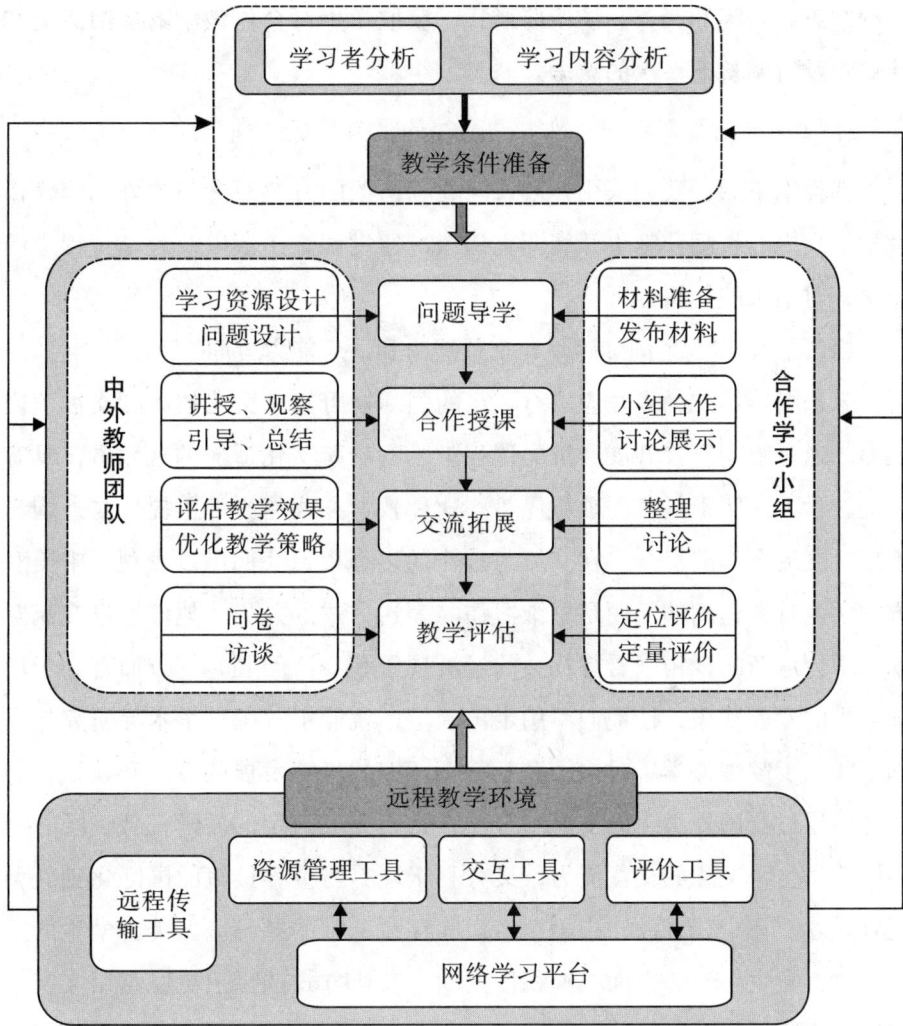

图 4 - 1　中外远程合作教学整体教学模式设计

　　④教学评估阶段。课程授课结束后，需对课程的教学进行评估，包括对学生的评估和对教学效果的评估。对学生的评估，中美双方各自负责各自学生的评估。对我们而言，主要以学生平时在网络教学平台上参与讨论的程度、上传分享的资料等作为评估依据。对教学效果的评估，主要是在

课程结束后以问卷调查、访谈等形式，获取学生对合作教学的反馈意见和建议，及时调整下一次的教学。

3. 实验的结果与分析

课程结束后，我们采用开放式问卷和访谈的方式对参与中外远程合作教学模式中的教师和学生开展调查访谈，通过调查访谈以及教学过程中的观察，对结果的分析如下：

（1）在培养学生国际跨文化交往能力和适应能力方面。

未来财经领域的人才应具有一定的国际视野和跨文化的国际交往适应能力。通过跨国跨校开展经济类课程教学，从跨文化适应的视角看，具有其他教学方式所不具备的独特优势。这种教学方式能为学生提供与外国学生进行交流合作的机会。在交流与合作的过程中，我们可以发现，中美双方的学生首先遇到的问题是思维习惯与表达方式的差异。他们通过交流互动，学会从新的视角来看待社会的经济现象和经济问题，一方面有利于增加学生的专业知识，让他们不用走出国门，就能了解国外学术界研究热点和现状，了解国外学者对中国乃至整个亚洲的经济发展的看法和认识；另一方面通过与国外学生的交流与合作，共同完成一定的教学任务，既有利于锻炼学生跨文化的交往能力，又有利于培养与世界接轨的国际化创新型复合人才。在交往方面，中美学生之间存在一定的差异。据美方学生的反馈，中方学生在沟通方面不够积极主动，表达方式选择上更愿意用文字交流，在视频讨论时发言较少。

（2）在共建共享课程资源，培养学生自主学习能力方面。

在这次合作教学过程中，我们采用国际化的公共信息资源教学平台Blackboard。从课前问题的提出，到课中的教学材料展示、课堂小组讨论，再到课后交流互动、课后总结等，都是利用该平台上的不同功能来完成的。值得一提的是，在这种教学模式下，双方教师设计的课前问题类似于教学导航，让学生据此问题学会收集信息、处理信息、主动寻求答案，自主学习的积极性被充分调动，自发地在课外进行准备，且必须在课内发表看法，课后总结形成资源，上传至教学平台，与大家共享。学生在学习过程中遇到问题时，也可获得个别指导，实施因材施教，实现了群体教学、个别教学、自学三者的有机统一。

（3）在提升学生语言水平方面。

合作教学采用全英语的方式授课，一方面，由于学生的英文水平存在差异，如何快速理解授课内容，明白教师的要求，并做出相应的反馈，成为中方学生的掣肘，所以有些学生只能局限于通过网络进行文字交流，视频的交流讨论受到一定的限制。另一方面，虽然全英语的教学环境在短期内使学生感到压力，但又是其学习英语的动力。在教学过程中，由于双方教师对于教学内容、目的、进度等已经达成一致，在现场又有教师的适度引导，从学生反馈的信息来看，障碍并不多。多数学生认为，虽然上课压力很大，但是在这种教学环境下，英语水平提高得很快，而且可以领略到美国教师的教学风格，对促进他们的学习很有帮助。

（4）在教师的专业的发展与成长方面。

近年来，教师专业发展成为世界教育理论与实践的重要主题，中外远程合作教学涉及合作备课、合作授课以及课后讨论等环节，这为中教和外教之间的合作交流提供了一个平台。这个交流平台有以下好处：①有利于培养中教和外教的语言水平。中教在与外教的交往过程中，能得到良好的英语听说训练，实现用英语流畅地表达。②丰富中教与外教的文化知识。由于二者处于不同的国度，有不同的文化成长背景，对授课内容中涉及的文化知识会有不同的理解，这为二者提供了良好的交流机会。③有利于中教与外教的教学水平的提高。外教注重与学生互动，善于调动学生的学习积极性，鼓励学生进行创造性思维①；而中教对中国学生的学习特点、学

---

① 牟宜武．中外教师合作教学对教师专业发展的影响［J］．吉林工程技术师范学院学报，2009（7）：5.

习习惯较为熟悉。在合作教学过程中，中教与外教通过合作交流，转变了中方教师满堂灌、师生缺乏互动的教学习惯，逐步与中国本土的教学环境相融合，从而满足中国学生的学习需求。中教与外教通过合作与交流，共同解决教学过程中遇到的问题，共同分享教学中的经验，从而有利于促进双方教学水平的提高。

总之，中外高校远程合作教学是教育国际化的产物，是改变课堂教学形式的一种新的尝试。中外教师通过跨国跨校同堂合作教学，能起到科学组合、优势互补、相互促进的作用，对提高课堂的教学质量，调动学生的学习积极性、主动性具有良好的效果，优势也十分明显。我们在开放式教学、主体参与式教学思想的指导下，经过三年的实践探索，现又与美国北卡罗来纳州立大学合作，面向多国开设"Global Understanding"远程合作教学，每期人数扩大到 50 人，并已纳入本科教学计划。该项教学成果也逐步扩大到学校国际学院、外语学院等其他学科专业，也开始选择不同的课程进行试点推广，受益面不断扩大。在教学实施过程中，涉及双方或多方教师合作备课、合作教学、教学条件的配置、语言文化的差异等方面的一些问题，这就需要外籍教师和中方教师积极面对，及时地对合作教学的内容、形式、组织方式等进行沟通和交流。只要中外双方或多方教师能克服文化差异带来的不利因素，发挥中外教师各自的优势和特长，形成一个既有多元文化又有协作精神的教学团队，教学过程也将日臻完善，教学模式更加科学合理。这对促进学生对专业基础知识的掌握，学会使用外语自主地表达自己，对持有不同价值观和文化的人有所认知，逐步提高跨文化的国际交往能力，具有一定的积极效果。

第二节　信息技术推动下的实践教学模式

实践教学是财经类本科院校教学的重要组成部分，在培养学生理论联系实际、创新创业教育方面发挥着不可替代的作用。对于以培养应用型人才为主的地方财经类本科院校，加强实践教学，构建一个与理论体系相连又相对独立的实践教学体系，显得尤为重要。

服务于我国地方经济社会的财经类院校自1999年以来已成为大众化教育中财经类人才培养的主力军，但在人才培养过程中仍沿用精英化高等教育阶段的教育模式，解决了社会对人才需求"量"的问题，但与经济和社会发展需求的符合度问题还远没有得到解决，普遍存在着以下问题：①院校分层不明，定位不清；②人才培养过程重知识传授、轻能力素质培养，重理论教学、轻实践教学；③教学中强调以教为中心，不是以学为中心，忽视学生主观能动性的发挥。学校这样培养出的学生的能力与社会需求错位，成为被抛入社会的半成品①。

信息技术的迅猛发展与广泛利用，使高校采用一些先进的现代科学技术，在现代教学思想与理论的指导下，结合财经类专业知识，开发一些实践教学软件，利用虚实结合、以实为主的教学方式，实现理论与实践的初步结合，提高实验教学效果成为可能。为顺应时代发展的需要，满足社会对财经类人才培养的需求，广东财经大学率先以信息技术为平台，在经管类实践教学方面不断进行改革和探索，形成了以"实验实践教学改革为突破口，强化对学生能力素质培养"的改革布局，现代信息技术手段成为实践教学的重要支撑平台，能够模拟企业社会环境，让学生在模拟环境中体验，在参与中感悟，在感悟中实现知识向能力的转化和提升，进而实现提高人才培养质量的目的。

---

① 王立人. 国际视野中的本科应用型人才培养［M］. 杭州：浙江大学出版社，2008：269.

一、虚拟仿真技术在经管专业综合实习教学中的改革与创新

信息技术的迅猛发展和广泛应用，让高校能够采用一些先进的信息技术，开发新的教学软件，采用虚实结合、以实为主的教学方式，实现理论与实践的有机结合，提高教学效果。虚拟仿真技术作为一种先进的信息技术，能够为学生提供生动、逼真的学习环境，让学生在虚拟环境中扮演某些角色。这对于调动学生的学习积极性，突破教学的重点、难点，培养学生的技能将起到积极的作用。本书将主要探讨以虚拟现实技术为基础的信息技术在经管类专业综合实习中的应用及产生的重要影响。

（一）虚拟仿真技术的含义和特点

虚拟仿真技术又称虚拟现实技术，简单地说，就是用一个虚拟系统模仿另一个真实系统的技术。也就是说，在这个虚拟系统里，利用该技术所产生的局部世界是人造的、虚构的而非真实的，但对于进入这一局部世界的人来说，在感觉上与进入现实世界是相同的。就其产生而言，虚拟仿真是人类在认识世界、改造世界过程中发展起来的一种新技术，是人类认识自然界客观规律的一种基本方法。用于实验教学，它将具有以下特点：

（1）沉浸性（immersion）。

沉浸性是指将学生和利用虚拟现实技术构建的虚拟情境（如企业经营环境）融为一体①，通过科学合理的教学设计，让学生成为虚拟情境中的一员，参与各种教学活动，获得亲身的体验和感受。

（2）交互性（interaction）。

在虚拟仿真系统中，不仅环境能够作用于人，人也可以对环境进行控制，而且人是以近乎自然的行为进行控制。当企业与企业之间、企业与政

---

① 赵志刚．虚拟现实技术对实验教学的影响［J］．中国电化教育，2007（12）：82.

府之间发生某些经营活动时，虚拟环境中能够提供实时的操作与反应。

（3）逼真性（reality）。

虚拟仿真系统的逼真性主要是指利用计算机仿真技术创设的虚拟环境在感觉上与所模拟的企业经营活动非常相像，人在这种虚拟环境中做出的反应也符合现实客观世界的有关规律。

（二）地方高校在经管类专业人才培养过程中遇到的问题

作为服务地方社会经济发展需要的财经类本科院校，其人才培养目标是应用型人才，大部分学生将进入企事业、行政机关单位，从事经济管理类或与其相关的工作。他们在走上工作岗位之初通常从基层做起，但是通过四年本科教育所构建的知识体系，其所具备的能力与素质，不应局限于满足从事基层的工作需要，而要使他们具备能够尽快进入中高管理层的潜质与核心竞争力，这种潜质与核心竞争力集中体现为他们所具备的创新力与应变力，这也就是经济管理类本科教育与高职高专教育的主要区别。但经管类人才培养的实习环节存在着以下突出问题①：①企业要保守商业机密，学生无法接触企业的核心业务，许多时间消耗在一些简单的、外围服务性工作中，实习就流于形式。②企业运作完整的经营活动需要很长的时间周期，学生短期的实习无法体验企业经营活动的复杂性，只能接触到企业运作中的部分环节，无法对企业的整体运作有一个系统的、完整的认识和把握。③许多企业由于担心接收实习的学生会影响他们正常的工作，将其视为一种负担，导致学校很难联系到足够的实习单位来满足学生的实习要求。这样，培养出的学生的能力与社会需求错位，成为被抛入社会的半成品。为解决经管类本科应用型人才培养过程中面临的上述问题，我们经过不断研究与探索，与企业合作，利用计算机模拟技术，将企业、市场、

---

① 曾小斌．试论经济管理类本科人才培养的实践教学体系［J］．实验室研究与探索，2007（1）：1.

政府经济管理部门的运作以虚拟仿真的形式引入学校，着重开发、训练学生从事经济管理的综合决策能力、综合执行能力，突破了理论与实践脱节、知识传授与能力培养割裂的瓶颈。

（三）企业运作虚拟仿真综合实习的教学组织过程

企业运作虚拟仿真综合实习，是广东财经大学针对经管类专业的学生在学完所有专业课程后开设的一门综合性实践课程。该课程就是利用虚拟仿真技术，将企业、市场、政府经济管理部门的运作构建成虚拟仿真实验环境，科学合理地设置一些变量，让学生在这种虚拟仿真的教学环境下，学习应用已掌握的经济管理类专业知识，模拟演练企业的运作，参与体验企业运作过程的一种实验教学方式（如图 4 - 2 所示）。为搭建企业运作虚拟仿真实验教学平台，我们主要从经管类人才培养过程的整体上考虑，着力解决好以下几方面的问题：

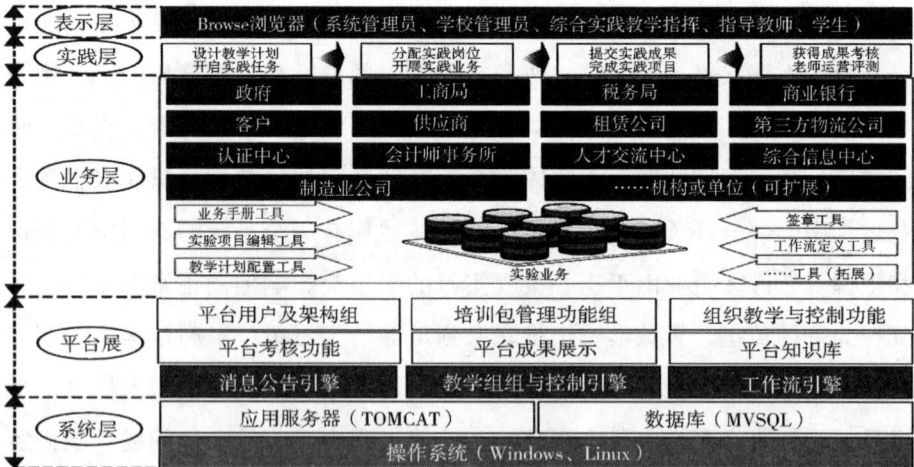

图 4 - 2　企业运作虚拟仿真实验教学平台

1. 科学系统地构建经管类实验实践教学内容体系

依据经管类应用型人才培养目标的需求，系统地从实训、实验、专业调研、实习、毕业论文等环节入手，科学构建经济管理类应用型人才培养实践实验教学内容体系（如图 4-3 所示）。其中，校内仿真实习是为解决经管类本科应用型人才实践能力，特别是综合实践能力、创新创业能力不足的问题而专门设置的，是经管类人才培养的重要组成部分。

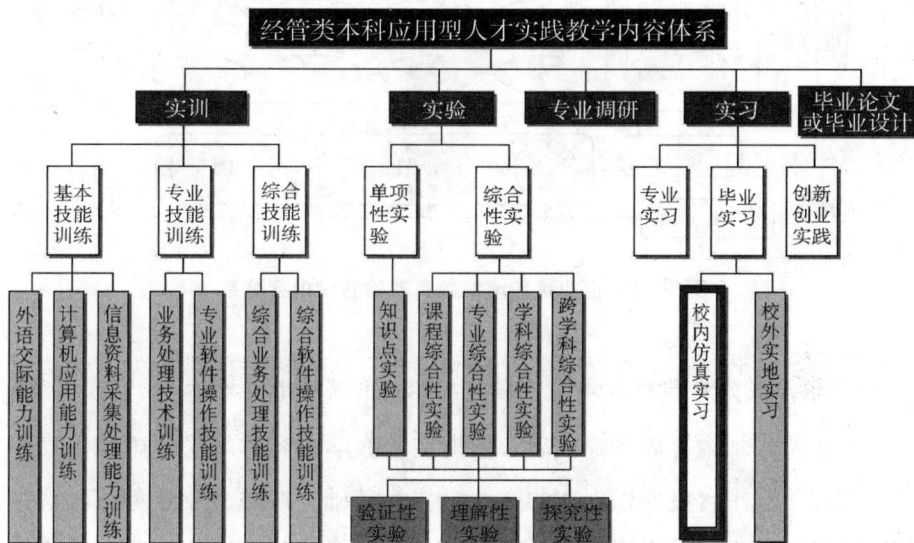

图 4-3　经济管理类应用型人才培养实践实验教学内容体系

2. 合理设计实验教学内容

企业虚拟仿真实验教学主要是面向广东财经大学会计学、工商管理、财政学、经济学、金融工程等 13 个经管类本科专业和新闻学、法学、广告设计 3 个非经管类本科专业的学生而建立的。我们根据这些专业的人才培养目标需求，按照企业、市场、资本运作的各方面，产、供、销各环节，微观、中观、宏观各层面，科学合理地构建贴近社会经济现实的实验教学内容体系（如图4-4所示）。

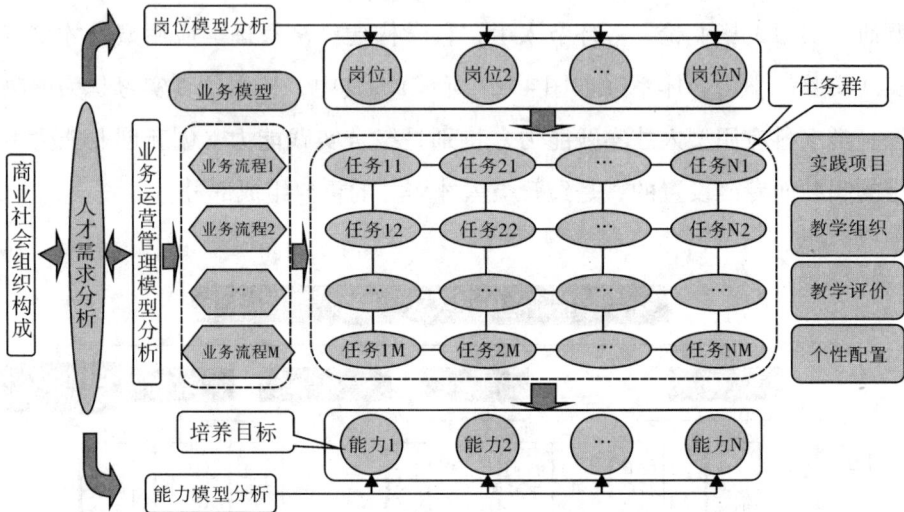

图4-4　企业运作虚拟仿真实验教学内容体系

3. 根据实验教学内容体系，搭建虚拟仿真实验教学平台

当实验教学内容体系确立后，依据实验教学内容体系搭建虚拟仿真平台。虚拟仿真平台主要以现实的企业运作为基础，按照企业业务流程设计实验项目，学生通过虚拟组织的岗位角色参与企业经营运作过程。在虚拟仿真实验环境中构建一定的虚拟组织，这些虚拟组织主要包括仿真的市场和与市场相关的管理与服务机构（如图4-5所示）。

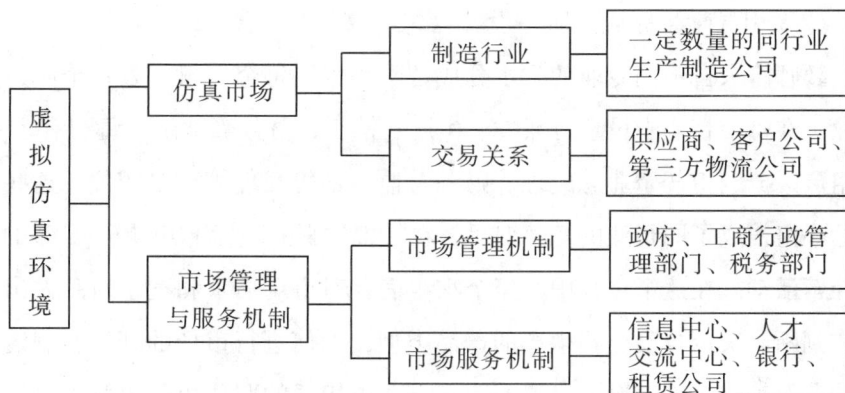

图 4 - 5 虚拟仿真环境

由于仿真综合实习是以生产制造公司的生产经营活动为主线设计展开的，因此特别规定仿真实习环境中除生产制造公司以外的部门或者公司均称为仿真生产制造公司相关部门（公司）。生产制造公司、客户公司、银行、租赁公司等法人经济实体统称为仿真企业。为了避免将仿真综合实习中的公司与现实公司进行直接比较，我们特将仿真企业设置为虚拟公司。所有仿真企业均为法人单位。在仿真综合实习中，生产制造公司与外部相关部门是主体与辅助的关系，它们在实习中发挥不同的作用，以提高仿真实习的仿真效果。

4. 配置学生的角色，开展企业仿真综合实习的教学实践

当企业运作仿真平台搭建完成后，就可以开展企业模拟仿真综合实习的教学实践。

（1）制定企业经营规则。

仿真的企业有与社会企业相似的经营规则，一般包括产品研发、市场营销、生产运营、企业融资、成本管理等，参加实习的学生要遵循这样的规则经营企业。

（2）引导学生完成团队建设。

教师将来自不同专业的学生分成若干小组，每个小组代表一个制造类企业，在每个企业中设置有研发、生产、销售、财务等部门。每组有 5~6 个组员，分别担任企业总经理、财务总监、销售经理等重要职位。这些不同的小组构成了同行业的竞争对手，在模拟仿真的环境下开展 6~8 年的企业经营活动。在这个过程中，每个小组需要对市场需求和竞争对手做出预测和判断，决定自己公司生产的产品类型，如何进行市场的开发，制定有关的营销策略，确定融资渠道等。在企业中担任的职位角色由学生自行分配，重点是让学生模拟体验企业经营运作的过程。

（3）由学生单独进行企业模拟经营。

学生团队组成后，教师依据产品生命周期，提供未来社会不同市场对不同产品的需求量与价格，然后各个小组根据这些信息，决定自己企业未来的发展，确定自己企业生产的产品和价格。教师再根据各个小组提供的报价，生成不同市场不同产品的订单，各小组通过竞标来挑选订单，挑选到的订单就是该小组该年度的销售收入。各小组接着根据订单进行不同产品的生产、销售并支付有关费用，最后形成财务报表。以每年的所有者权益数额来评价每个小组经营的业绩。

（4）完成每一个财务年度报告，展示模拟企业的运行状况。

模拟的企业在 2~3 年的经营过程中，都会面临同行业对手的竞争、自己经营的企业生产产品的老化、销售市场较为单一等问题。面对这些问题，不同的团队将根据自己企业的实际情况，确定不同的应对措施。最后，按照每个小组经营企业的状况，评出个各小组的名次。学生通过参加企业运作，树立起现代化企业经营管理的理念，熟悉现代企业经营的运作过程。

（5）学生总结感悟。

学生经过前几年经济管理类理论知识的学习，再通过参与模拟仿真企业经营的体验，将所学的知识运用到模拟的企业中去，学生不仅将获得能力的提升，而且将获得许多从书本中无法获得的感受。比如，面对激烈的市场竞争，如何合作共赢；如何与队友团结合作，获得克服企业面临的困难。同时，学生也能及时总结自己知识和能力的不足。

（四）企业运作虚拟仿真综合实习的价值与意义

通过几年的研究与探索，学校企业运作模拟仿真实验室已建设成国家级实验教学示范中心，这种实验教学方式具有以下几方面的价值和意义：

1. 对学生的价值和意义

（1）检验和巩固已学的专业知识。学生通过参加虚拟仿真环境下的企业运作过程，有利于学生领悟经济管理的基本规律，体验企业的核心管理理念和思想，检验学生对知识的掌握程度和对知识的综合运用能力。

（2）感受企业运作过程，体验企业经营的成功与失败。由于模拟环境的仿真性，不同专业的同学在虚拟环境中模拟企业的经营活动，像真正经营一家企业一样，做出正确的预见、判断和反应，处理好与企业相关的业务，并为此承担责任，能真切地体验到企业的成功与失败，感受到企业经营环境的复杂性和多变性，领悟到竞争意识、团队精神、职业素养的意义。

（3）检验前三年教学过程中学生已具备的知识、素质和能力。该教学环节一般是在学生前三年学习的基础上，在让学生参与经营决策和业务处理的过程中，检验学生是否已经搭建起从事经济管理活动所需的合理的知识结构；是否能够将所获得的知识内化为从事经济管理活动所需的各种能力；是否具有比较扎实的专业知识，是否具备沟通协调配合的素质和能力；是否达到现代企业所需的复合型、应用型、创新型人才的要求；是否具备未来较快进入中高经济管理层的素质与能力。

（4）提升学生的综合素质和能力。在企业运作仿真实习过程中，大量仿真决策和企业核心业务的处理，能够培养学生的综合素质，提高其发现问题、思考问题、解决问题的能力，锻炼动手能力、沟通能力和协调能力，使学生积累工作经验，为毕业后从事实际工作打下坚实基础，缩短胜任工作的磨合期和适应期。

2. 对经济管理类人才培养的价值与意义

（1）突破时空的限制，缩短了经济管理类专业人才的培养周期。

虚拟仿真综合实习可以突破时空的限制，延伸了实践教学活动的空间，为经济管理类专业实践教学从根本上摆脱实习难的困境创造了条件。同时，这一实习可以将企业的经营活动周期大大压缩，让学生在短时间内获得对企业经营实践活动的体验和认识，缩短经管类人才培养的周期①。

（2）改变了学生获取直接经验的方式。

在虚拟仿真技术产生之前，人类的学习方式主要是通过现实世界进行直接学习，或者利用书本、课堂等进行间接学习。虚拟现实技术的发展改变了这种现状。人类可以在虚拟世界进行学习②。比如，学生通过在虚拟的企业经营环境里，通过扮演一定的角色，全身心地投入其中，能同样获取企业经营的经验与体会。

（3）为培养创新型经济管理类专业人才开辟了一条新的途径。

企业的经济管理活动，是极富挑战性、开拓性与创造性的活动。面对瞬息万变的市场环境、日趋缩短的技术与产品生命周期和强手如林的竞争态势，经济管理人员特别是高层经济管理人员必须具有很强的洞察力、决策力、创新力与应变力，否则难逃被淘汰出局的命运。我们按照教学规律，通过组织学生模拟体验虚拟仿真环境下的企业经营活动，把同一课程不同知识点、同一专业不同课程的知识点、不同专业不同学科的不同课程的知识点进行有效的贯穿和综合，让学生对经管类专业知识有一个系统的

① 曾小彬. 现代信息技术条件下高等教育的发展趋势［N］. 光明日报，2008 - 06 - 05.
② 汤跃明. 虚拟现实技术在教育中的应用［M］. 北京：科学出版社，2007：前言.

认识和理解。学生在这种虚拟的、复杂的和动态的环境中，按照企业运行规则仿真综合运作，增强了学生的洞察能力、处理复杂问题的能力、应变能力，也大大强化了自身的责任意识、团队意识、风险意识等，为高效率培养应用型、复合型、创新型、创业型经管类人才开辟了一条捷径。

　　总之，虚拟仿真技术作为一种全新意义上的教学媒体，应用于经管类人才培养的实习环节，引发了教学形态、教学组织方式、教学方法、教学模式等一系列的变化，促进教学向更高层次的变革。这种新型的教学方式，对于增强学生的创新创业能力，提升学生的综合素质，拓展经管类人才培养空间，缩短人才培养周期，提高人才培养效率，为经管类专业本科应用型人才培养模式创新，特别是毕业实习模式创新发挥了一定的积极作用与效果，并得到国内外同行专家的高度评价。

二、信息技术支持下法学实验教学模式的改革

(一) 法学专业在培养学生实践能力方面遇到的问题

　　法学是一门实践性很强的学科，法律应用能力的培养是世界各国高等法学教育的重要培养目标。目前，随着经济的发展，我国亟须一大批适应地方经济发展需要的高素质应用型法律人才。但是，我国的法学教育长期以教师为主导，以应试教育为主要的教学方式实施教学。近些年，实践教学在理论和实践上都有不同程度的忽略，虽然有所改善，但仍没有达到令人满意的效果[①]。其主要问题表现在：一是未能妥善解决知识传授与能力、素质培养的矛盾，片面强调知识传授，忽视知识整合、知识意义建构和将知识内化为学生的能力与素质；二是未能妥善处理理论与实践的矛盾，片面强调理论教学，忽视实践教学与理论的实际应用；三是未能妥善处理教

---

① 章江龙. 开放教育法学专业实践性教学的应用 [J]. 河北广播电视大学报，2009 (5)：12.

与学的矛盾，教学活动的设计与组织多是以教为中心，不是以学为中心，忽视学生学习主观能动性的发挥①。针对该问题，我们本着"知识传授与能力培养并重，理论教学与实践教学并举，教师主导与学生主体相结合"的现代教育理念，在法学实验教学示范中心的建设过程中，借助现代信息技术平台，对实验教学进行大胆开拓，完善实验教学体系，整合实验教学资源，更新实验教学内容，改革实验教学方法与技术。多年的探索和实践，拓展了法学实验教学时空，创新了司法实务从虚拟、模拟到现实的多层次的实验课程体系，创新了企业法务模拟仿真实验教学。法学实验教学的形式更加灵活和多样，实验课程的深度与广度得到从量变到质变的发展。

（二）法学实验教学改革的目标定位

法学教育的人才培养目标受一个国家政治、经济以及社会发展需求的制约。从我国现阶段经济社会发展水平，以及我国政府提出的依法治国，建设社会主义法治国家的目标来看，法学教育既要承担起为法律职业部门培养后备人才，又要为社会各层面培养不同层次的法律人才的重任②。因此，我们将法学实验教学改革的具体目标定位为以下四个方面：

1. 促进法学理论与实践相结合

通过实验教学，学生能直接面对将来的工作环境与工作要求，能将所学理论知识运用于实务之中，在校时就具备了适应未来工作所必需的心理素质、知识结构和操作能力。

2. 构建模拟法律职业环境，为学生提供充分的动手操作机会

通过建立仿真实验环境，学生在分析案件事实、收集证据、更好地进

---

① 曾小彬.模拟体验式教学探索与实践［J］.实验室研究与探索，2006（3）：273.
② 吴爱辉.法学创新人才培养模式初探［J］.西南民族大学学报（人文社科版），2006（10）：129.

行人际交往和沟通、起草法律文书等技能方面的训练得到强化，得以培养从事法律职业所需要的专业技能①。

3. 提供师生互动平台，变"填鸭式"教学为学生主动学习

实验教学是以学生主动学习为基础展开的，在实验教学过程中，学生被赋予一定的责任，可与指导教师就实验中遇到的问题进行无障碍沟通。

4. 提高师资队伍的教学水平

要进行法学实验教学，仅有书本知识，没有丰富的实践经验是远远不够的，这就要求指导教师深入法律实务部门，掌握相应的专业技能。实践经验的丰富无疑可以帮助教师更好地讲授相关法律专业知识，促进教学水平的提高。

（三）法学实验教学改革的理念与模式

市场经济就是法制经济，建立和谐社会需要大批高素质、应用型法学人才。作为人才培养基地的高等本科院校，其法学教育必须在教学理念、教学内容和教学方法上与时俱进，不断创新。在十几年的发展历程中，我们根据自身的情况和社会发展变化的需求，不断探索法学实验教学改革的理念和模式。

1. 创新实践教学理念

创新实践教学理念，就是要转变对传统法学教育中理论教学与实践教学的认识。一般来说，理论教学与实践教学既是同一教学活动的两个侧面，也是同一教学活动的两个周期。二者是相互依存、相互支撑的。理论教学活动穿插在实践教学活动之中，有利于学生对知识的领悟和把握；实

---

① 吕来明. 法学教育实务型人才培养模式的探索［J］. 法学杂志，2006（1）：157.

践教学有利于学生实现对所学知识意义的科学建构，准确把握和理解①。从这种意义上说，理论教学必然包含实践教学的内容，实践教学是理论教学在实践领域的继续与深化。正是因为理论教学和实践教学是同一教学活动周期中必须经过的两个环节，需要将二者紧密结合，才能培养出具有较强实践能力和创新能力、具有较强职业生涯可持续发展能力的应用型高素质人才。

2. 建立"四年不断线"的实验教学模式

基于上述对理论教学与实践教学的认识，我们在法学实验教学示范中心的建设过程中，从学校应用型人才培养目标定位出发，研究制订了"四年不断线"的法律人才培养方案，即实验教学项目贯穿本科教学的始终：①按实现基础型→综合型→实践→实习的顺序，从低年级到高年级循序渐进地开设实验课程。大一、大二以理论教学为依托，着重开设单一型课程实验项目，大三、大四主要开设综合型实验、社会实践、毕业实习等实验课程。②按照案件分析法→角色扮演法→虚拟见习法→模拟实验法→仿真实习→实战演练的顺序组织指导实验教学。③构建了"3＋1"的法律人才培养方案。为了提高实验教学质量，使学生有足够的时间和精力参加社会实践，法学专业人才培养方案的前三年全部用于完成法学核心课程教学任务，第四年主要进行实践类课程教学。

（四）构建法学实验课程体系

为实现实验教学的目标，在实验教学课程体系建设中，我们坚持"以学生为主体，以教师为主导"的教育理念，建立以知识掌握为基础、以能力培养为重点、以素质提高为目标的实验教学体系②。法学实验教学的内

---

① 曾小彬. 试论经济管理类本科人才培养的实践教学体系［J］. 实验室研究与探索，2007（1）：1－4.

② 曾小彬. 模拟体验式教学探索与实践［J］. 实验室研究与探索，2006（3）：273.

容体系包括两大部分、三个层次、四大模块。两大部分是指：校内实验（训）教学和校外实践教学；三个层次是指：基础型实验、综合型实验、法律实践；四大模块是指实验、实训、社会调查、实践与实习（如图 4 - 6 所示），具体指：

（1）实验，主要包括法医学实验、物证技术学实验和侦查学实验以及案例分析诊断性实验等内容。

（2）实训，指专业综合性实训和跨专业综合性实训，主要包括：①庭审观摩与模拟：邀请实习基地的法院来实验中心进行实案审判观摩。②民事法律实务训练、刑事法律实务训练、行政法律实务训练：在教师的引导下，由学生独立操作完成实验的全过程，实验结果为开放型，对学生的专业知识水平、心理素质及操作能力要求很高，因此多安排在高年级进行，一般应在学完 15 门核心课程后安排。③企业法律实务训练：充分利用学校的专业特点和广东财经大学经济与管理实验教学平台，使用动态模拟仿真技术软件，实现虚拟仿真与硬件实验的全新整合。

（3）社会调查，主要开展地方立法调查、法律援助调查、乡村法律服务等调查活动。

（4）实践与实习，包括法律诊所、社会实践和毕业实习等实验教学环节。

通过以上四个模块的实验教学的实施，学生实现了知识深化、能力突破和素质升华的实验教学目标。

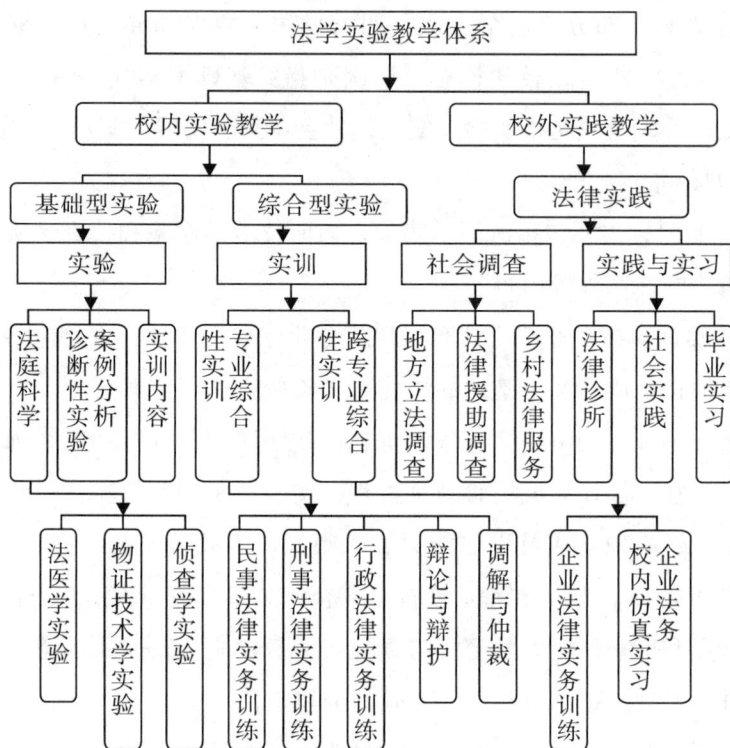

图 4 - 6   法学实验课程体系

（五）运用信息技术，创新法学实验教学

迅猛发展的信息技术在高校也得到了广泛的应用，其触角也延伸到教学活动的各个方面、各个环节。它可以部分替代教师，也可以拓展高等教育的教学空间。就实验教学而言，许多实训、实验、实习活动可以在网络虚拟空间展开，如模拟股市、模拟市场运作等。在法学实验教学改革的过程中，信息技术发挥的作用主要表现为：

1. 拓展了时空，共享实验教学资源

信息技术作为实验教学的工具和手段，大大拓展了传统实验教学的时空，在某种程度上弥补了法学实验教学对环境要求的缺陷，帮助传统法学

实验摆脱了某些困镜，对提高教学质量和教学效率、促进优质实验教学资源的共建共享产生了影响①。我们构建的法学网络实验教学资源信息平台主要包括五个部分，具体如图4-7所示：

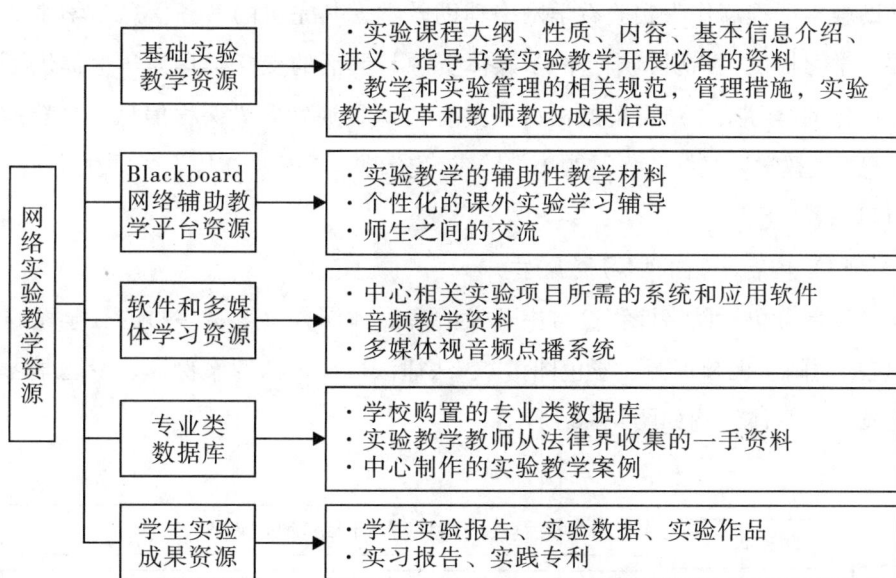

图4-7　法学网络实验教学资源

（1）基础实验教学资源。

在网络信息平台上设有基础实验教学资料的专门栏目，提供实验大纲、教学计划、实验讲义与指导书、实验执行计划、实验教学案例、实验实习报告、实验案例法教学等实验教学开展的必备资料，方便学生认识实验课程和实践活动，做好实验准备。

（2）Blackboard网络辅助教学平台资源。

借助Blackboard网络教学平台构建一个以教师为主导和以学生为主体

---

① 幸红．多媒体技术在高等法学教学中的应用［J］．黑龙江高教研究，2006（6）：127.

的教学环境，充分调动教学双方的主观能动性，增强教学的交互性、针对性，提高教学质量。到目前为止，利用 Blackboard 系统进行法学类课程教学的总计 26 门，如"宪法学""法医学""行政法与行政诉讼法国际法学""刑法学""刑事物证技术学""公安学基础理论""仲裁法"等网络辅助教学课程。作为实验教学网络辅助教学，其完善的教务信息为学生的课外学习提供了指引，丰富的多媒体资源与灵活的交互工具为学生提供了个性化的学习条件；设置的栏目主要有"课程通知""课程信息""教师信息""教学讲义""练习题库""参考资源""多媒体库""师生交流""讨论板"等①。

（3）内容丰富的学习资源库。

该部分包括网络课程、自主开发的多媒体课件、丰富多彩的教学素材（包括动画、视频资源、彩色图谱）、法律法规库、法律案例库、专题学习网站等。具体结构如图 4-8 所示：

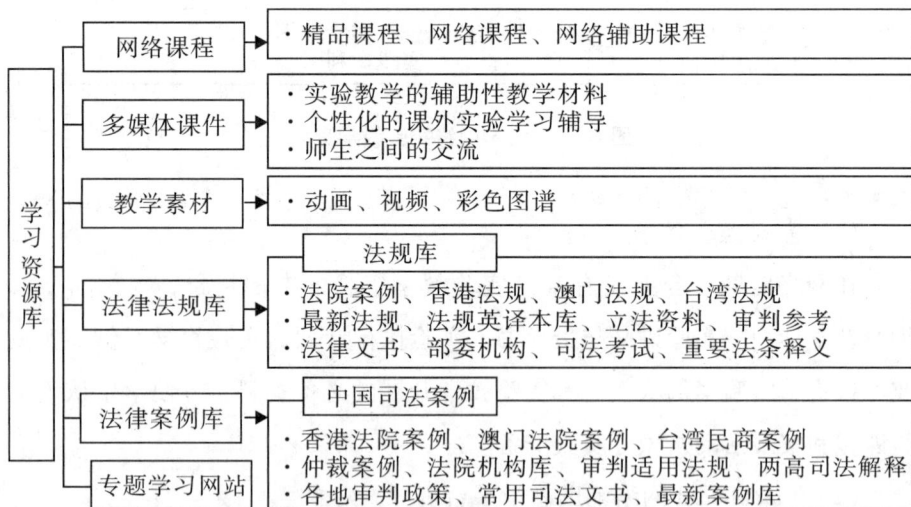

图4-8　法学学习资源库

---

① 纪宗宜. 实验教学改革、创新人才培养的理论与实践研究［J］. 统计教育，2007（4）：31.

通过构建这些网络实验教学支持系统，为学生学习个体提供了实验准备、实验过程、实验决策、实验指导及其相关实验教学资源；加强了学生学习成功的交流和展示；方便了师生之间、生生之间的交流和互动。

2. 创新"司法实务"虚拟实验教学平台

法学专业是为法官、检察官、律师等法律职业培养专业人才，法律职业技能训练无疑是法学实验教学的核心①。根据这一思想，我们按照"虚拟—模拟—现实"的思路开展司法实务方面的实验教学。法学专业开设了"民事法律实务""刑事法律实务""行政法律事务""法律诊所""辩论与辩护""法庭科学"等系列实验课程和系列实验项目，以训练学生从事法律职业所必需的寻找、运用法律的能力，认知案件事实的能力，推理能力，表达能力，法庭审判的控制能力，法律文书写作能力和沟通协调能力等。为了实现这一目标，网络教学服务中心利用信息技术研发了法律实务网络实验操作平台，在这个平台上，学生通过网络虚拟不同法律角色，实现地位和视角的转换，或作为当事人的检察官、法官、律师，或成为案件的当事人、参与人等，从所处的不同角色去考虑自身的利益，设身处地地分析案件，全力以赴地争取对自己有利的结果。这种身份和地位的转换，能使学生主动地学习，积极地思考，从而获得较好的学习效果②。然后学生依托模拟法庭，模拟不同角色进行审判，实现虚拟、模拟和现实的相互衔接。法律实务网络实验操作平台可再现法律运行的过程，学生能以不同的角色身份进入该系统，了解法律运行的各个环节，熟悉具体法律操作。实践表明，虚拟化的实验教学方式突破了传统实验教学的方式，突破了传统实验教学时间、空间、人数等限制的瓶颈，降低了实验教学的成本，提高了法学人才培养效率，拓展了法学实验教学的发展空间，使学生不出校门就可以对法律运行过程进行整体把握，大大提高了实验教学的效果。

---

① 黄静. 商科院校法学专业实践教学模式改革研究［J］. 湖南商学院学报，2007（2）：116.

② 刘满达. 互联网对法学教育的影响［J］. 西南政法大学学报，2006（12）：3－8.

3. 模拟仿真，创新企业法律实务综合实验教学

现代信息技术的作用，可对三维物理世界时间进行压缩，将三维物理世界里许多年前发生的事在短时间内进行模拟，也可以将长周期的业务活动压缩在几天内模拟完成，从而让学生在短时间内获得对不同侧面、不同环节、不同时期实践活动的认识与体验①。基于这种认识，我们根据广东财经大学经管类专业的性质和法商结合的办学特色，结合法学毕业生的走向和广东律师行业的特点，开展企业法律实务实验模块的实验教学改革。该实验教学改革是在对学生进行系统的企业法律知识培训的基础上，与广东财经大学国家实验教学示范中心 ERP 校内综合仿真实习相衔接，打破课程、专业、学科界限，将知识、能力、素质进行整合并设计实验项目，实现实验教学内容的综合化；充分发挥现代信息技术对实验教学的支撑作用，开发模拟或仿真实验项目；以企业的运作、管理为背景，成立律师事务所、审判庭、仲裁团，开展企业法律实务校内仿真实习，训练学生在复杂环境中如何从事企业法律实务工作的基本技能。仿真实习与模拟法存在的最根本差别是真实程度不同。模拟是经过一段时间的准备、排练来完成的，而仿真实习是置身于企业运作仿真空间，在没有排练的剧本、没有充足准备时间的情况下，完成相关法律实务操作。

总之，在法学实验教学中心建设的过程中，我们充分利用现代信息技术手段进行实验教学的改革，拓展了法学实验教学的时空，优化了法学实验教学的过程，丰富了法学实验教学的资源，使得法学实验教学的形式更加灵活与多样，解决法学教育中理论教学与实践脱离的问题。学生的法律专业技能得到了较好的训练，自主学习能力和专业学习兴趣得到增强，综合素质与创新能力得到提高。这一系列改革与实践的尝试与探索，达到了

---

① 曾小彬. 现代信息技术条件下高等教育的发展趋势 ［N］. 光明日报，2008 – 06 – 05.

预期的教学效果和目的①。

第三节　信息技术推动下的教学考核评价方式

　　考试作为一种重要的教育评价手段，可以有效地评价学生掌握知识技能的水平，可以为学校管理、教师教学提供改进的信息，也可以对学生学习起到导向的作用。教育领域中的考试属于教学考核评价方式的一种，本节将重点阐述信息化教学考核评价方式。

　　教学中的考试实质上是社会人才选拔制度在教育领域中的一种反映，是对人才素质发展方向的一种控制与引导。至于其引导的方向是否正确，控制的目标与学生的发展是否相符，则是更深层次的问题。另外，考试可以折射出一个时代国家教育的性质和状况。考试一旦成为某个时代、某个国家教育活动最终性质的唯一说明，成为教育活动的最终目的和人的发展的唯一衡量指标，考试就不再是服务于教育与人的发展的一种手段与活动了。

一、信息化考试的优势

　　信息技术的迅速发展和广泛应用，使得考试的技术手段和载体发生了革命性的变化，各级各类考试越来越多地采用网络考试系统进行考试。与传统考试模式相比，网络考试系统延伸了传统的考场。它可以利用网络广阔无限的空间，随时随地对学生进行考试，将传统考试过程中的试卷组织、审定印制、传送收集、登记发放、评判归档各个环节缩减为一至两个环节，几乎排除了所有人工直接干预考试活动的可能性，增加了考试成绩的客观性和公正性。

---

　　① 王忠政．运用现代信息技术　创新高校法学实验教学［J］．实验室研究与探索，2010
(6)：123.

近几年来，我国上网计算机数、上网用户数以及 CNNIC 下注册域名数几乎以每半年翻一番的速度在增长，带宽也在逐年扩大，网络应用不断扩大、不断深入人心。面对这种形势，如果我们仍采用传统方法实施考试，不仅落后于时代，而且要耗费更多的人力、物力、财力和时间。网上在线考试系统就是顺应信息时代这一发展趋势，从传统的纸笔考试发展到计算机辅助考试，再发展到现今的基于网络的在线考试。

二、国内外在线考试系统的现状

在国际竞争日益激烈的今天，世界各国对教育的发展给予了前所未有的关注，都试图在未来的信息社会中让本国的教育处于一定的优势地位，将信息技术应用于教育。网络考试作为人才培养的一种重要评价手段，在国外一些发达国家得到蓬勃发展。美国大学入学考试中心有著名的对大学生进行学习摸底以及选课指导的 Compass/ESL 和 Compass e-Write 在线考试。ETS（美国教育测验服务处）则在网上实施了 GRE 和 TOEFL 等在线考试。还有其他一些考试也是通过网络考试系统进行的，例如微软公司的系统工程师认证考试（MCSE）、工商管理硕士入学考试（GMAT）等①。

在国内，由于网络技术起步较晚，绝大多数的考试还停留在传统考试方式。对互联网的真正应用仅限于一些考试的网上报名和网上成绩查询。一些研究单位和高校如清华大学、同济大学、吉林大学、北京师范大学、华东师范大学等数十所高校和一些科研单位先后完成了"中学英语水平自适应测试系统""数学智能水平自适应考试研究"等多项研究成果，但这些成果的应用还没有真正形成网上考试的规模②。

市场上也存在一些在线考试系统，被很多教育机构或者企业加以运用，取得了比较好的效果，例如考试酷、天柏在线考试系统、考试在线

---

① 吴运明．网络考试测评系统的研究现状与发展趋势［J］．软件导刊，2010（10）：100.
② 杨宝山．基础教育阶段网络作业与在线考试的现状分析［J］．中国远程教育，2010（8）：63.

等，这些网络考试系统的出现和发展，加快了网络学习、在线学习评价的理论和实践的发展。但统观我国的现状，网络考试系统的理论和实践的相关研究还处在起步阶段。在设计时，更多地强调技术性，忽略了教学设计的理论指导，导致这些系统在题型、组卷、抽题、考试等方面都存在一定的问题。本书将对网络考试系统的设计思想、设计原则、系统架构、功能设计与实现和在教学中的应用价值等方面进行探讨。

三、信息化考试系统的设计思想与设计原则

系统设计的好坏在根本上决定了软件系统的优劣，差的系统设计必定产生差的软件系统，但好的系统设计未必就一定会产生好的软件系统。因为在设计之前要有需求开发工作，在设计之后还有编码、测试和维护工作，只要其中一个环节出了差错，都会把系统搞砸。为保证网络考试系统的科学合理，在系统开发过程中，我们主要遵循以下设计思想与设计原则：

（一）方便易用原则

网络考试系统通常由考试题库和在线考试两个部分构成，但是由于受考生、出题教师、监考教师、教学课程、试卷生成、考场安排等一系列因素的影响，系统显得比较复杂，需要设置许多功能模块与之匹配。这就需要在系统开发之前进行科学详尽的分析，设计合理的考试流程，处理安排好系统中涉及的考试各要素之间的数据流向①。在系统的界面设计上，不仅要科学化，而且要人性化，要清晰、简洁、友好，让广大师生使用简单、方便与灵活。因此，方便易用原则是开发网络考试系统遵循的首要原则。

---

① 文民刚. 医学院校网络考试系统的功能性研究 [J]. 中国高等医学教育，2010（12）：4.

（二）安全稳定原则

网络考试系统的安全，一般包括网络层面、系统层面、用户使用层面以及数据层面的安全。系统要想安全可靠，首先要对使用信息进行严格的权限管理。在考试过程中，充分发挥计算机的优势，让每位考生一份试卷，与周围考生的试卷完全不同，防止考生间互相抄袭。同时，合理地利用界面技术，让考生只能在本机答题，不能利用网络上的资源和本地机器上的资源来协助答题。网络考试系统不仅要具有试卷的保密功能，还能提供试卷检查的功能。除了合理利用其优势，还应考虑备用在断电、死机等意外情况发生时的处理方案，保证考试能平稳开展，出现异常情况时，能获得考生的理解或有适当的应对方案。

（三）快速高效原则

快速高效原则主要体现在组卷过程和联机考试中。在网络考试系统中，有大量的考试试题，如果要形成一份质量较高的试卷，需要科学合理的组卷，计算机能按照双向细目表或者三向细目表从考试题库中随机抽取需要的考试试题，并将试题合理地配置到位。这个过程需要科学、准确的软件算法。否则，不仅组卷将很耗时，而且形成不了理想的试卷。另外，许多考生同时利用一台服务器进行考试，考试的组卷可能会涉及有些多媒体素材，如果我们不做恰当的安排和适度的技术处理，势必导致服务器宕机，致使考试失败。因此，在开发网络考试系统时，如何让众多考生在联机考试时，能快速地从服务器获取试卷，是考试成功的关键。高效快速原则，也就成为网络考试系统开发的必要原则①。

---

① 文民刚. 医学院校网络考试系统的功能性研究 ［J］. 中国高等医学教育，2010（12）：4.

四、信息化考试系统的功能设计与实现

（一）系统运行模式设计

网络考试系统一般主要有两种模式：一种是传统的 C/S（客户机/服务器）模式，一种是 B/S（浏览器/服务器）模式①。二者各有优缺点，可根据自己学校的实际情况，选择使用。

（二）开放式菜单及功能的设计

在开发网络考试系统时，考虑到不同的教师在使用系统时有不同的需求，我们设计系统时采用积木搭建的概念设计系统功能。教师可根据自己授课的课程特点、教学习惯等选择自己所需的功能模块、学习内容、考试题库、考试试卷等，实现真正意义上的"所见即所得"系统设计理念。整个系统支持在线学习、在线作业、在线考试等功能，可根据课程的实际情况及外部环境变化，随时自行修改完善，以适应环境变化的需要。

（三）系统的开发模型和业务流程

根据系统功能的要求，我们开发的在线考试系统按三个不同的角色进行开发设计，系统结构示意图如图 4 - 9 所示：

①　田林. 中小学信息技术网络化考试的实践与探索［J］. 中国电化教育，2011（3）：29.

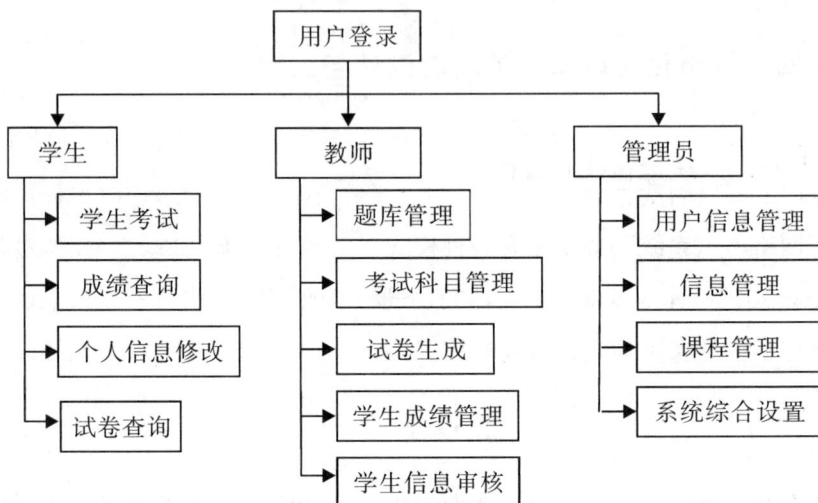

图 4-9　网络考试系统系统结构

1. 学生考试模块

当考前准备工作完成后，考生可以在远程考场的任何一台计算机上通过 IE 浏览器进行登录。在主页面上，考生只要输入自己的姓名、学号等相关信息，提交到信息处理页面。如果信息正确，考生就可在成功登录后的页面选择相应的课程章节进行考试。开始考试后，考试题目就会根据考生的选择，在试题库里按照考试前设定的参数随机抽取，组成考卷。另外，系统会自动进行计时并定时对考生的答案进行保存。当考生主动交卷或者考试结束时，系统会自动保存考生的答案，对考生的客观题进行评分，自动产生成绩。考生也可利用试卷复查功能，在考试结束以后，马上查看自己的答题试卷，从中知道自己哪些知识点已经掌握，哪些知识点还有待进一步巩固。

2. 教师管理模块

教师管理模块具有实时监考、成绩查询统计、试卷分析、主观题人工阅卷等功能。在考试过程中，监考人员可对考生的合法性和唯一性按照不同的院系、年级、班级、姓名、学号等分别进行监控；考试完毕以后，可以立即查询各考生的考试成绩，对某一门考试的平均分、最高分、最低分等项目进行统计。在教师管理模块中，最重要的一个环节是试卷的生成，生成科学合理的试卷是考试最重要的一环。在开发设计系统时，提供随机组卷、人工组卷，支持按不同知识点、难易程度百分比出题，支持考试人员自由选择、试卷打印、试卷重组、试卷修改和审核等功能。下面以一门法律知识课程考试的随机组卷为例，说明我们开发设计的考试系统试卷的生成过程：①用户按照系统要求，设置试卷的相关参数，比如考试名称、知识点等。②当参数设置完成后，系统还将判断我们设置的参数是否合理，题库里的试题量是否够本次组卷使用。③添加组卷规则。出题规则可以是按系统事先预置的条件自动生成，也可以人工自定义的方式添加规则，如题型、难易度、知识点的百分比等。④当这些参数设置完成后，系统判断设置合法有效，系统开始进入考生选择的模块。这个模块，用户可以按院系、班级、准考证号、姓名等方式进行有关的查询和选择。⑤最后进入试卷生成阶段。我们设置三种出卷方式：一是考生试卷内容、顺序完全一样；二是考生试卷内容一样，顺序不一样；三是考生试卷内容、顺序都不一样。这样随机组卷完成。

3. 管理员模块

该模块主要是管理员实现对教师、学生等人员的权限进行管理，具有增、删、改、查等功能。

五、信息化考试的应用价值

（一）有利于教考分离

实行教考分离是我国高校考试改革的一个方向。教考分离的基础就是按照一定的科学理论，建立具有一定质量和数量的试题库，然后让计算机随机组卷，使考试更加灵活和科学。计算机题库要随教学内容、目标的变化而不断进行更新和完善。

实行教考分离可以避免师生进行考前突击，避免教师泄题和学生猜题，更能客观地反映教学效果。这有利于学生对所学知识内容的全面掌握，使考试成绩更加公平、合理，并真实地反映出学生的实际水平，有利于调动教与学两方面的积极性。

（二）有利于分层教学

分层教学，就是根据学生现有的知识、能力和潜力倾向，通过一定的方式把学生分成几组各自水平相近的群体，教师再根据群体的分层情况，采取合适的策略，让他们分别得到良好的发展与提高。例如，可以根据每位学生对这门课程的掌握情况和学校的现有条件，选择、设计好相应的教学资源和内容，让他们自主学习指定的知识模块，教师再提供有针对性的指导。这样有助于学生学习兴趣、学习积极性、学习效率的提高，实现教学的过程管理与分层教学，有助于因材施教，满足不同学生的个性化学习需求。

（三）有利于新型试题的开发

网络考试系统的主要目的之一就是改变传统考试的载体，利用先进的计算机和网络技术，开发新型的试题。比如，医学是一门典型的实践学科，很多内容无法用纸和笔表达清楚。一张病理切片，无论描述语言是多么丰富精彩，都不如直接看一张病理切片直观。而且直接读取病理切片，是病理医生的本职工作。利用网络考试系统，我们就可以把清晰的病理切片呈现在考生的面前，考试结果可以直接反映出考生对病理学知识和技能的掌握程度，这是传统考试难以做到的。因此网络考试系统平台的建设为新型试题的开发创造了无限的发展空间。

（四）有利于服务社会

21 世纪是知识爆炸的时代，知识更新加速，社会变化急剧，任何人都不可能一劳永逸地拥有足够的知识，而需要终身学习。学习是人类生存和发展的重要手段，终身学习是自身发展和适应职业的必由之路。作为高校开发网络考试系统也有助于服务社会。

总之，网络考试系统作为现代教育的一个子系统，具有灵活、高效的特点，是今后高校考试的一种发展趋势，是保证教育教学质量的重要手段，只要运用得当，就能很好地提高学生的学习兴趣，从而让其以更大的热情投入学习活动中；此外，它还能准确地反映教师的教学质量，从而让其及时调整教学重点和方向。但网络考试形式也存在某些不足之处，只有将其与传统考试形式有效地结合起来才能更好地适应现代社会的要求，为国家培养更多的现代化人才服务[①]。

第四节　信息技术推动下的高校专业人才培养模式

随着我国高等教育进入大众化阶段，如何培养适应经济社会发展需要、引领社会进步的多样化人才，是当前中国高等教育面临的主要任务及现实问题。在传统的农业社会、工业社会，教育为适应社会发展的需要，更多的是在把"多样化"变成"一体化"，把"不同的人"变成"同样的人"。但随着信息化社会的到来，工业化趋同式的人才培养模式将不能适应当今经济社会发展的需要。因此，针对现有人才培养模式的弊端，在终身教育思想的指导下，利用信息技术构建以学生自我发展为中心的专业导引系统、构建具有弹性的课程体系、创导混合式教学模式等措施得以提出

---

① 王忠政．基于 B/S 架构的网上考试系统的设计与实现［J］．软件导刊，2013（2）：90.

并付诸实践，以改进现有人才培养模式。在具体操作中，先改动其中的某些环节，并围绕人才培养模式改革的整体进行。

一、人才培养模式的内涵

高校人才培养模式的基本问题就是"培养什么样的人"和"怎么样培养人"[1]，要回答这些问题，就会涉及专业设置、课程设计、教学管理和质量控制等多个过程环节，涉及教育观念、人才培养目标、规格、方式等几个方面。许多专家学者对比做了详细阐述，如原教育部副部长周远清认为人才培养模式是人才的培养目标、培养规格和基本培养方式；龚怡祖教授认为人才培养模式是在一定的教育思想和教育理论指导下，为实现培养目标（含培养规格）而采取的培养过程的某种标准构造样式和运行方式等[2]。综合上述观点，笔者认为人才培养模式是指根据社会、科技、文化及个人自身发展的要求，在一定的教育思想与教育理论指导下，按照特定的人才培养目标，通过设置合适的课程体系、构建合适的教育教学活动并采用恰当的教学方法和评价手段，达到预期人才培养目标的一种人才培养方式。

二、我国现有人才培养模式遇到的问题

我国正由传统的工业技术社会向现代信息技术社会转型，在这个过程中，信息技术引起了社会时空的变革，促进了生产力的发展，带来了人们工作、生活、学习等方面的变化，这也引发了社会对人才培养的新需求、新变化。高校由于受传统工业社会教育的影响较深，对人才大多仍按照一定的目标模式、批量化、标准化的方式加工生产，以班级授课为主要形式。这样虽然提高了教学效率，却忽略了学生个性，忽视了学生间的差

---

① 史秋衡. 对突破人才培养模式的若干思考 [J]. 中国高等教育, 2006 (15): 17.
② 刘献君. 人才培养模式改革的内涵、制约与出路 [J]. 中国高等教育, 2009 (12): 10.

异，与教育规律相违背，与信息社会对人才培养的需求不相适应。哈佛大学前校长陆登庭说过："在知识经济时代，高等教育的首要任务就是帮助学生学会学习，不仅学习新知识，而且学会提问，进行独立思考。"① 培养创造型人才，就是培养学生学会学习、善于提问、独立思考，充分调动学生的学习兴趣、积极性与主动性，尊重学生的主体性，否则难以培养出创新型、创造型人才。我国现有人才培养模式的主要弊端在于培养模式过于单一、学生主体性缺失，培养出的人才不能适应变化的社会环境及经济社会发展对人才的多样化需求；从受教育者的角度看，这种教育方式忽视了受教育者间的个体差异，忽视了全面发展的要求。

三、信息技术支持下的高校人才培养模式的改进

针对我国现有人才培养模式较为单一、学生主体性缺失的问题，结合《国家中长期教育改革和发展规划纲要（2010—2020 年)》中指出的"信息技术对教育发展具有革命性影响，必须予以高度重视"以及教育部在2007 年 2 号文《关于进一步深化本科教学改革全面提高教学质量的若干意见》中指出"信息技术正在改变高等教育的人才培养模式"等文件的精神，根据信息社会发展的特点，我们结合学校人才培养目标的实际情况，利用信息技术对传统的人才培养模式进行了一系列改革与探索，主要措施是：

（一）转变观念，树立终身教育的人才培养思想

当今社会，人类的各项活动对信息技术的依赖性逐渐增强，呈现出信息资源快速高效传播并被大量利用的特征。这种特征的呈现使得知识更新速度加快，大学的一次性学习不能满足未来工作的需要。这就需要高校树

---

① 熊庆年. 改革人才培养模式要着眼于价值重建［J］. 中国高等教育，2009（19）：27.

立新的人才培养观念，改变传统高等教育中过分强调以知识传授为中心的教学方式。在信息社会的今天，掌握知识的多少已经不再重要，重要的是获取知识的能力①。随着经济社会的发展、科技的不断进步，个人对工作选择的自由度逐渐加大，职业和岗位变动频次呈现增长的趋势。这种职业与工作和岗位变动的结果必然导致一些学生走向专业工作领域后，他们所从事的工作可能与高校中所学的专业知识完全不同。这种情况的存在也就需要我们高校改变现有的人才培养方式，使培养出的学生能够适应未来人才市场、未来职业与工作岗位的不断变换的要求。因此，在这种背景下，我们的教育需要构建适应信息社会发展要求的终身教育体系，从以教师为中心向以学习者为主体转变，培养学生具有终身学习的能力。只有这样，才能适应瞬息万变的社会。信息技术改变了原有的信息传播方式，使得人们获取知识的途径更加多元，学习形式更加灵活多样，从而使得教育终身化的实现成为可能。这种终身教育的观念逐渐成为信息化时代人们所普遍接受的一种新观念。

（二）利用信息技术，构建专业导引系统

我国人才培养是以专业为基本单位来进行的。通过调查，我们很容易发现，许多学生对自己所学专业并不是十分了解。在进入大学前，许多学生把更多的时间和精力放在学习上，他们对高校各专业的性质及未来走向不甚了解，对于自己的兴趣与志向没有太多的时间去思考，也无能力去把握②。在填报志愿时，更多的是听家长、班主任的意见，或者从众的结果。因此，我们利用信息技术，构建专业导引系统，能帮助学生认识了解高校各学院及专业概况，熟悉自己所学专业的人才培养目标、课程的设置、就

---

① 王忠东．论现代信息技术的发展与高校的人才培养［J］．教学研究，2001（8）：181.

② 宋捷，等．"2+2"人才培养模式下的专业导引探索［J］．陕西师范大学学报（哲学社会科学版），2009（7）：151.

业方向、就业现状以及如何更好地学好本专业等，及早树立专业意识、专业思想，激发学生良好的学习兴趣和学习动机等。

当今社会，知识更新的速度极为迅速，仅靠传授知识、死记硬背的教学方式已不能适应经济社会发展的需求，怎样培养、训练学生的思维方式，掌握良好的学习方法，为他们今后的职业发展做好必要的准备，成为摆在我们教育面前的一项重要任务。因此，作为人才培养模式改革的决策者和具体实施者的院系，作为专业导引教学任务的直接承担者的教师，在利用信息技术平台进行专业导引过程中，有必要结合本专业特点，制订适合本学院发展的专业导引方案，再通过必要的答疑，引导学生根据学校专业教育情况及个人发展的要求，利用大学良好的教育环境，规划好自己的人生，不断完善自己的知识结构、能力结构和素质结构。

（三）利用信息技术改进现有人才培养的课程体系

知识经济时代，社会需要更多具有强烈主体性和选择性的人才。这一要求需要高校能够培养具有较强主体意识的学生，能够为学生提供更多可供选择的课程体系[①]。就现有的本科教育而言，更多的是专才教育，是为了适应工业化社会发展的需要而设置课程，大多采用"三层楼式"结构模式[②]，即将课程分为基础课、专业基础课、专业课三类。由于用这种方法设置课程较为整齐划一，同一专业的学生需修习同样的课程，这就造成人才培养较为单一。为了让信息技术更好地促进课程教学改革，我们在弹性学习理论的指导下，以现代信息技术为基础，改革传统的、刚性的、不可选择的人才培养方式，建立以学生为中心的弹性课程体系与学习制度。弹性课程体系与学习制度中最核心的思想就是：在设计弹性课程时，要有以

---

① 柯文进．现代大学制度下大学人才培养模式研究［J］．北京教育（高教版），2007（7/8）：15.

② 曾冬梅．宽口径专业课程体系的构建［J］．中国大学教学，2003（7）：29.

学习者为中心的课程设计理念，设计的课程具有较强的弹性与可选择性；具有以模块化为基础的知识整合与知识建构模式。

基于这种认识，我们开展了面向全校的信息技术支持下的专业课程体系改革，在全校人才培养方案中强化信息技术的应用。①建设网络辅助教学课程，压缩部分课程的学时。将原来通过自学就能达到教学目标的内容，让学生利用网络辅助教学课程在教师的指导下进行自学。②将原来压缩的课时用于开设更多的选修课程，解决他们因兴趣、爱好与需求不同的学习需要。③建立一批教师引导下的讲座式课程。该类课程主要是在教师讲座的引导下，激发学生对某一学科或问题的兴趣，利用学校构建的信息技术平台让学生自学部分相关的教学内容，实现自我发展。④建立一批有学分无学时的网络课程，充分发挥教师的导引作用，让学生进行自学，并不定期答疑与讨论。

（四）利用信息技术改进高校现有人才培养途径

教什么，怎样教，是人才培养的根本问题。在传统的人才培养过程中，人才培养的途径主要是通过"教师讲、学生听；教师写、学生抄"的教学方式开展。随着信息技术渗透到教育领域并得到广泛应用，带来了信息的多源性、可选性和易得性，学生们可以轻易获得大量信息[①]。这就对传统的教学方式提出了挑战，教师不再是知识的垄断者和权威，不再是信息的中心源，学生所获得的信息很可能超出教师的知识水平。这就意味着教师必须转换角色，由原来的"教"的角色转变成"导"的角色，在教学中更多地充当学生学习的引导者、支持者或合作者。教师的大量工作将由课堂上的知识讲授变成了课前的教学过程设计、教学软件制作、教学活动策略的选择，课中的导学演示，课后的教学信息反馈和教学策略调整及教学效果的进一步优化等。

---

① 甘永成. e-Learning 环境下的个人知识管理 ［J］. 中国电化教育，2003（6）：19.

在这种思想的指导下，我们开展了教师教学方式与学生学习方式的改革实践，创导"混合式教学"，使实体课堂教学和网络在线教学能够有机结合①，打破教学时空，丰富教学形式，拓展教学资源，提高了教学效率，弥补了由于知识激增、课时缩短而带来的教学问题，满足了某些学科和课程的特殊需求，帮助传统课程摆脱了教学中遇到的一些困境②。

（五）利用信息技术改进高校教学考核评价方式

考试作为一种重要的教育评价手段，可以有效地评价学生掌握知识技能的水平，可以为学校管理、教师教学提供改进的信息，也可以对学生学习起到导向的作用。教学中的考试实质上是社会人才选拔制度在教育领域中的一种反映，是对人才素质发展方向的一种控制与引导。信息技术的发展和广泛应用，使得考试的载体发生了革命性的变化，越来越多的考试可采用信息化的手段进行，比如 GRE、TOEFL 等在线考试等。由于信息化考试手段具有能够随机组卷、随时考试，简单易用、安全稳定、快速高效等特点③，有利于弥补传统教学中对学生纸质考试评价方式的弊端。在具体的教学中，我们已将信息化的考试手段用于部分课程的教考分离、公共基础课的分层教学、部分课程新题型的开发等。因此，当信息化的考试手段在教学中得到恰当应用时，对激发学生的学习兴趣，提高学生的学习热情，及时了解教师的教学质量、掌握学生的学习情况，满足现代社会对人才培养的需求具有重要的现实意义。

总之，人才培养模式改革是一项极其复杂的系统工程，涉及教育理念、教育制度、教育资源的配置等方方面面，本章从教育观、专业导引、课程体系、教学方式转变等方面进行阐述，提出一些改进传统人才培养模

---

① 王忠政．网络辅助教学的探索与实践［J］．中国医学教育技术，2009（5）：429.
② 韦钰．信息技术如何改变着教育［J］．开放教育研究，2006（6）：7.
③ 王忠政．基于 B/S 架构的网上考试系统的设计与实现［J］．软件导刊，2013（2）：90.

式的具体措施。随着我国由传统的工业技术社会向现代信息技术社会转变，必将对我国已形成的教育思想、教育理论和教育方法产生冲击，引起教育在许多方面发生变化，哪些是合理的、进步的，哪些是不合理的、落后的，这都需要我们用科学发展的眼光在即将形成的信息技术平台上探索人才培养模式产生的新规律、新思路、新模式。

本章小结

在前几章研究的基础上，本章结合地方财经类本科院校（文科性、时代性、应用性、地方性）的教学特点、信息技术在教学中应用的发展趋势，按照开放式办学、主体参与式教学、体验式学习的教与学的理念指导，以信息技术为支撑平台，以地方高校的人才培养目标为依据，从人才培养、教学改革发展过程中遇到的实际问题出发，按照"价值引导、需求为先、教育为本、技术为用"的原则，从企业虚拟仿真实习、中外教师远程合作教学、学导结合型教学模式改革、教学评价方式改革等方面创新地开展了教学实践，探索教学模式、教学内容、教学方法、教学评价、教学体制机制等方面的教学创新，探讨信息技术与地方高校本科教学的深度融合的可能性，对提高人才培养质量、探索信息化教学改革具有参考价值和借鉴意义。

结论及反思

信息技术将我们生活的世界分为现实世界与虚拟世界。就目前而言，如何充分挖掘、利用两种世界各自的优势，进行人才培养，达到良好的教学效果，提升人才培养质量是我们的主要课题。在我国，信息技术应用于高校教学已有十几年的历史，并做出了许多有益的探索与尝试，也暴露出一些问题。本研究旨在揭示信息技术进入教学的基本规律，丰富信息化教学的理论，然后以广东财经大学为个案，从问题出发，切实解决地方高校在教学中遇到的问题，在实践中创新，满足经济社会发展对高校人才培养提出的新需求。通过研究，笔者得出以下认识：

一、时代需要变革的教育，需要地方高校的转型

信息技术的飞速发展和广泛应用，已渗透到经济社会发展的各个领域、各个环节并发挥着重要作用，改变着人们的生活、工作和学习，使社会结构发生一些变革，呈现出许多新的特征。这种变化对高等教育人才培养提出新的需求，需要更多主动适应信息社会发展需要的高素质创新型人才。原有的精英教育正向大众化教育转移，由是引发高等教育的变革与转型。就地方高校而言，需要对自己的人才培养目标和人才培养模式进行重新定位，以适应地方和区域经济发展的需要。

二、变革教育首先要变革教学

信息技术改变了社会，改变教学需要采用变革社会的技术手段与之相

适应。信息技术作为一种新的教学手段引入教学，给教学带来了一系列变化，打破了原有的教学时空，改变了师生之间的交互方式，改变了信息的呈现方式与传输通道，改变了原有的教学环境，进而改变了原有的教学方法、教学模式，实现了教学思想与理念的更新，变革了原有的管理体制与机制。也就是说，信息技术引入教学，需要新的方法、新的模式、新的理念、新的体制和新的机制与之相适应，直至"人、技术、教学"成为一体，达到深度融合。这里的"新"，只有通过"变"，才能使信息技术的价值与作用得到有效的发挥，让教学更加精彩与多元。

三、信息技术与教学的深度融合是一个循序渐进的过程

信息技术在教学中的应用不是一蹴而就的事，而是需要一个"了解、认知、使用、熟练、创新"的过程。因此，在实际应用中，宏观层面需要结合人才培养目标，中观层面需要结合学科教学内容，微观层面需要结合学科中的重点和难点，需从教学的实际问题出发和通过应用驱动。这样，一项新的技术在教学中的应用才会长久。否则，会陷入另外一种情况，当一种新的技术出现后，人们对它寄予极大的期望和热情。当其潜在的教学价值得到发挥的时候，人们就会极力地展开介绍、推广和应用；但用了一段时间之后，技术自身的局限性也会逐渐暴露，对其使用开始降温，由此形成高峰和低谷交替现象发生的怪圈。对此，不同的人将会站在不同的角度，对信息技术在教学中的应用形成不同的理解和认知。有些人从信息技术在教学中应用的正向价值出发，认为信息技术能够促进教学的改革与发展，成为信息技术乐观主义论者；反之，也会从负向价值出发，成为信息技术悲观主义论者；或者介于二者之间则成为信息技术中性论者。笔者认为：要想信息技术在教学中的正能量得到最大限度的发挥，在认识层面，要树立辩证的信息技术应用哲学观；在使用层面，又要科学合理地使用技术，做到合目的（即使用的目的）和守规律（即遵守技术规律、教学规律

和学生的认知规律）。这些都需要一个逐渐认知与理解的过程。

四、提升教师的信息素养是深度融合的关键

教育的本质是培养人的活动。课堂教学仍是目前教学的主战场。教师是课堂教学的主力军。信息技术的教学功能与潜在教学价值可以得到充分的发挥，直至与教学达到深度融合，关键在教师，取决于教师教学理念的改变、教学技能的提升。因此，对教师进行必要的培训和引导成为至关重要的因素。据此，笔者结合广东财经大学的实际情况，在具体培训过程中，坚持"以任务为驱动，学用结合，以用带学，以评促用，解决教学中的实际问题"的培训原则，采取"在专题培训和集中交流中解决普遍问题，在检查指导中解决个性化问题，在建设应用中解决实际问题"的培训策略，探索并形成了"信息技术＋学科内容＋实际问题＋自主探索＋专家引导＝具体学科任务驱动的教师培训"的模式，实现了"强化教学设计的理念，提高教育技术应用能力，促进信息技术在课堂教学中的有效应用，强化教学互动"的目的。

概而言之，信息技术将我们生活的世界分为现实世界与虚拟世界，自然而然地将我们的课堂分为实体课堂和虚拟课堂，信息技术在教学中运用的根本问题仍然是如何培养人的问题。信息技术在教学中的应用，就是探讨利用现实与虚拟两个世界培养人的问题。其中，虚拟世界是一个新的待开发的世界，存在各种潜在的教学可能，对高等教育教学产生怎样的影响，需要长期研究、跟踪和探索，也还有待本研究进一步挖掘及完善。就在本书的写作过程中，许多新的技术层出不穷并影响着教学。诸如微课、翻转课堂、MOOC 等，这就为本研究提出了新的时代任务。"路漫漫其修远兮，吾将上下而求索"，笔者对这些新出的技术自应予以十分的关注，力求揭示技术运用的基本规律。当然，这些需要专门的深入研究，只好留待后续。

参考文献

［1］何克抗．信息技术与课程深层次整合理论［M］．北京：北京师范大学出版社，2008.

［2］胡璋剑．应用型人才培养新论［M］．北京：中国社会科学出版社，2009.

［3］黄甫全．现代课程与教学论学程［M］．北京：人民教育出版社，2006.

［4］黄济．教育哲学通论［M］．太原：山西教育出版社，2009.

［5］黄荣怀．信息技术与教育［M］．北京：北京师范大学出版社，2002.

［6］李芒．技术与学习：论信息化学习方式［M］．北京：科学出版社，2007.

［7］联合国教科文组织国际教育发展委员会．学会生存：教育世界的今天和明天［M］．华东师范大学比较教育研究所，译．北京：教育科学出版社，1996.

［8］刘良惠．企业运作仿真综合实习教程［M］．北京：高等教育出版社，2007.

［9］毛泽东．毛泽东选集：第1卷［M］．北京：人民出版社，1991.

［10］潘懋元．应用型人才培养的理论与实践［M］．厦门：厦门大学出版社，2011.

［11］孙亚玲．课堂教学的变革与创新［M］．广州：广东教育出版

社，2006．

　　［12］汪晓村．论高校学科专业设置的理念与机制［M］．北京：科学
出版社，2008．

　　［13］王道俊，郭文安．教育学［M］．北京：人民教育出版社，2009．

　　［14］王立人．国际视野中的本科应用型人才培养［M］．杭州：浙江
大学出版社，2008．

　　［15］徐建领．大学参与式教学［M］．青岛：中国海洋大学出版
社，2006．

　　［16］许良．技术哲学［M］．上海：复旦大学出版社，2004．

　　［17］颜士刚．技术的教育价值论［M］．北京：教育科学出版
社，2010．

　　［18］叶澜，等．全球化、信息化背景下的中国基础教育改革研究报
告集［M］．上海：华东师范大学出版社，2004．

　　［19］余子侠．中国教育名家思想［M］．武汉：华中师范大学出版
社，2011．

　　［20］赵勇．传统与创新——教育与技术关系漫谈［M］．北京：北京
师范大学出版社，2006．

　　［21］钟启泉．课程与教学论［M］．上海：华东师范大学出版
社，2008．

　　［22］钟志贤．大学教学模式革新：教学设计视域［M］．北京：教育
科学出版社，2008．

　　［23］周洪宇．大时代：震撼世界的第三次工业革命［M］．北京：人
民教育出版社，2014．

　　［24］周志毅．网络学习与教育变革［M］．杭州：浙江大学出版
社，2006．

　　［25］D. A. 库伯．体验学习：让体验成为学习和发展的源泉［M］．

王灿明，朱水萍，译．上海：华东师范大学出版社，2008.

[26] 戴维·乔纳森，等．学会用技术解决问题——一个建构主义者的视角 [M]．任友群，李妍，施彬飞，译．北京：教育科学出版社，2007.

[27] 迈克尔·塞勒．移动浪潮 [M]．邹韬，译．北京：中信出版社，2013.

[28] 安宝生．我国高校信息化体系的四大支柱 [J]．教育研究，2004（2）.

[29] 陈佑清．培养"生活主体"：教育目标的一种选择 [J]．教育研究与实验，2009（6）.

[30] 单美贤，李艺．教育中技术的价值探讨 [J]．开放教育研究，2008（4）.

[31] 丁钢．新技术与教学方式的转变——学校变革的核心 [J]．现代远距离教育，2013（1）.

[32] 高铁刚，等．技术哲学视野下教育技术价值体系分析 [J]．现代教育技术，2008（4）.

[33] 郭万保．关于高校开放办学的思考 [J]．山东理工大学学报，2009（5）.

[34] 何克抗，吴娟．信息技术与课程整合的教学模式研究之———教学模式的内涵及分类 [J]．现代教育技术，2008（7）.

[35] 何克抗．建构主义——革新传统教学的理论基础 [J]．电化教育研究，1997（3）.

[36] 何克抗．教学结构理论与教学深化改革 [J]．电化教育研究，2007（7）.

[37] 黄荣怀，陈庚．关于技术促进学习的五定律 [J]．开放教育研究，2010（1）.

［38］黄荣怀，杨俊锋，胡永斌．从数字学习环境到智慧学习环境——学习环境的变革与趋势［J］．开放教育研究，2012（1）．

［39］李冲锋．教师教学领导力的开发［J］．当代教育科学，2009，（24）．

［40］李和平，等．论信息时代与教育的变革［J］．外国教育研究，2005（11）．

［41］李康．教育技术领域中的哲学观［J］．电化教育研究，2000（3）．

［42］李克东．数字化学习——信息技术与课程整合的核心［J］．电化教育研究，2001（8）．

［43］李芒．论信息技术的教学价值［J］．电化教育研究，2007（8）.

［44］李文英．世界教育信息化发展及其经验［J］．河北大学学报，2007（5）．

［45］李艺，颜士刚．论技术教育价值问题的困境与出路［J］．电化教育研究，2007（8）．

［46］刘春莲．信息技术对我国大学教学模式的影响论析［J］．电化教育研究，2008（12）．

［47］刘世清．论现代教学媒体的本质发展规律与应用规律［J］．电化教育研究，2005（8）．

［48］刘新阳．近年我国高校数字化教学资源建设与应用研究分析［J］.电化教育研究，2012（3）．

［49］罗祖兵．由"标准化"到"个性化"：信息社会中的教学变革［J］.电化教育研究，2011（9）．

［50］南国农．让信息技术有效地推进教学改革［J］．中国电化教育，2007（1）．

［51］潘懋元，车如山．略论应用型本科院校的定位问题［J］．高等教育研究，2009（5）．

［52］彭杜宏．大学课堂教与学状况的个案观察报告［J］．高教探索，2009（2）．

［53］钱国英，等．本科应用型人才的特点及其培养体系的构建［J］．中国大学教学，2005（9）．

［54］王春蕾，等．美国影响信息技术在学校教育中有效应用的因素分析［J］．开放教学与研究，2004（4）．

［55］王娟．影响高校多媒体教学效果的因素分析与建议［J］．电化教育研究，2009（5）．

［56］王宇宾．现代远程合作教学存在的问题及解决措施［J］．教学与管理，2010（2）．

［57］王忠政．高校教师教育技术培训的探索与实践［J］．中国电化教育，2009（12）．

［58］王忠政．教师信息化课堂教学领导力开发［J］．广西教育学院学报，2013（1）．

［59］王忠政．信息技术在课堂教学使用中异化的原因及解决对策［J］．中国医学教育技术，2013（4）．

［60］王忠政．运用现代信息技术　创新高校法学实验教学［J］．实验室研究与探索，2010（6）．

［61］韦钰．信息技术如何改变着教育［J］．开放教育研究，2006（6）．

［62］许涛．推动信息技术与教师教育的深度融合［J］．教育研究，2012（9）．

［63］颜士刚，李艺．教育领域中科学的技术价值观问题探索［J］．中国电化教育，2008（4）．

［64］颜士刚．信息技术影响教育发展的历史、原因及趋向［J］．电化教育研究，2009（12）．

［65］杨武．试论教育中人的主体性与社会制约性关系的层次［J］．

江苏高教，2001（1）．

［66］杨宗凯，杨浩，吴砥．论信息技术与当代教育的深度融合［J］．教育研究，2014（3）．

［67］杨宗凯．未来教室　未来教师　未来教育　信息技术与教育的融合变革［J］．中国现代教育装备，2014（11）．

［68］于兰．合作教学的本质与大学英语教师专业发展［J］．沈阳师范大学学报（社会科学版），2012（5）．

［69］余剑波．信息技术与教学融合的价值冲突与处理［J］．中国电化教育，2012（8）．

［70］余子侠．国际化与本土化的融合：历史性与现实性的交汇［J］．沈阳师范大学学报，2011（6）．

［71］曾小彬．现代信息技术条件下高等教育的发展趋势［N］．光明日报，2008 - 06 - 05．

［72］曾小彬．试论经济管理类本科人才培养的实践教学体系［J］．实验室研究与探索，2007（1）．

［73］张立新．两种世界　两个课堂——信息社会中的教育［J］．中国电化教育，2009（6）．

［74］祝智庭，管珏琪．教育变革中的技术力量［J］．中国电化教育，2014（1）．

［75］祝智庭．中国教育信息化十年［J］．中国电化教育，2011（1）．

［76］刘成新．整合与重构：技术与课程教学的互动解析［D］．南京：南京师范大学，2006．

［77］马德四．教育信息化本质研究：教育学视角［D］．上海：华东师范大学，2007．

［78］宋喆．网络化时代的教育［D］．天津：南开大学，2009．

［79］孙卫国．数字化聚合环境中的课堂教学研究［D］．上海：华东

师范大学，2007.

　　［80］王卫军. 教师信息化教学能力发展研究［D］. 兰州：西北师范大学，2009.

　　［81］左明章. 论教育技术的发展价值［D］. 武汉：华中师范大学，2008.

　　［82］FERREIRA N S C, HADDAD M E O, FARIA A A. Educational technology and educational management in the higher education：new ways of forming professionals. Open journal of social sciences，2014（2）.

　　［83］IBEZIM N E. Technologies needed for sustainable E-learning in university education. Modern economy，2013（4）.

　　［84］KANNAN S, SHARMA S, ABDULLAH Z. Principal's strategies for leading ICT integration：the Malaysian perspective. Creative education，2013（3）.

后　记

本书经过近三年的写作才完成。这是我人生的第一部专著，对此感慨良多。我自1995年本科毕业以来，一直在高校从事教育技术实践工作，见证了信息技术对高等教育教学的影响。特别是近十年来，我在推动广东财经大学教学信息化工作的过程中，遇到了许多困惑和问题，深感自己专业知识的不足，同时也希望自己能跳出教育技术的圈子，从教育学的视角重新审视自己所在学校开展的教学信息化实践。抱着这一想法，2011年9月我重新开始了求学之路。经过博士阶段的学习，我得到了众多学识渊博老师的指导，丰富了自身教育学的理论基础，提升了对信息化教学的认识。

本书能够完成与出版，对自己来说已算是一个超越，但不免感到自己才疏学浅，也真切体会到学无止境。一路走来，既有问题解决时的喜悦，也有遇到困难与困惑时的痛苦，感谢在这个过程中给予我指点、支持和帮助的老师、亲人、同事、同学和朋友，让我能够激情满怀地、持之以恒地投入这项好似一次精神旅行的研究。

首先非常感谢我的导师余子侠先生。余先生学术造诣很深，治学严谨，令人敬仰。在本书写作过程中，他总能用很浅显的语言、恰当的比喻，在选题、框架结构及书稿的写作方面给予我指导，感谢他多年来给予我的关怀与为我付出的心血。余老师锲而不舍、不断追求的精神，是我一生学习的榜样。感谢华中师范大学教育学院的周洪宇教授、申国昌教授、杨汉麟教授、喻本伐教授以及郑刚老师、李先军老师、王莹老师、刘来兵老师等，在本书写作的过程中，他们给我提出了许多宝贵的意见和建议。

其次，感谢广东财经大学的有关领导和同事。感谢阎一渡老师，在本书写作过程中给予我许多鼓励、帮助和支持，感谢郭泽平、邱婷、彭蕾、刘海苑、徐哲等同事，在本书写作过程中为我整理部分案例与校稿，感谢教学实践过程中任晓阳、王宇辉、刘娟等同事提供的帮助。同时，也感谢一路上支持、帮助和鼓励我的好朋友。感谢我的夫人杨薇，在本书写作过程中，承担起家庭的许多事务，让我能静下心来学习和进行本书的修改，谢谢她为我默默的付出。感谢责任编辑李艺女士、杨柳婷女士，她们高水准的编校工作保证了本书的出版质量。本书在写作过程中，吸收了国内外许多同行的不少研究成果，我在书中直接借鉴或引用，并尽量在脚注和参考文献中予以注明，在这里向他们表示诚挚衷心的谢意。

书写至此，感悟顿生。人生需要理想信念与追求，需要有一定的长度、宽度、广度、深度和气度。信息技术如何深度融合于教育教学，实实在在地解决我们教育教学中的问题，是一个深奥迷人的学术领域。虽然在这个领域探索实践多年，但本人学识浅薄，仍感学力有限，研究能力不足，远未能达到我自己所设想的高度与境界，难免存在诸多缺陷甚至谬误之处，敬请专家学者不吝赐教，多多批评指正！

王忠政
2016 年 5 月于广州